AF429962

Histoires Courtes en Néerlandais

Apprendre l'Néerlandais facilement en lisant des histoires courtes

Emma Jansen

Copyright © 2022 Emma Jansen

Tous droits réservés.Bien que l'auteur et l'éditeur aient fait tout leur possible pour s'assurer que les informations présentées dans ce livre étaient correctes à l'heure actuelle, l'auteur et l'éditeur n'assument et déclinent par la présente toute responsabilité envers toute partie pour toute perte, tout dommage ou toute perturbation causés par des erreurs ou des omissions, que ces erreurs ou omissions résultent d'une négligence, d'un accident ou de toute autre cause.

greenthumbpublishing@gmail.com

Contenu

Introduction

Lire dans une langue étrangère est l'un des moyens les plus efficaces d'améliorer ses compétences linguistiques et d'enrichir son vocabulaire. Cependant, il est parfois difficile de trouver des supports de lecture attrayants, d'un niveau approprié, qui procurent un sentiment de réussite et de progrès. La plupart des livres et articles écrits pour des locuteurs natifs peuvent être trop longs et difficiles à comprendre ou contenir un vocabulaire de très haut niveau, de sorte que vous vous sentez dépassé et abandonnez. Si ces problèmes vous sont familiers, alors ce livre est pour vous !

Histoires Courtes en Néerlandais est une collection de 25 histoires courtes non conventionnelles et divertissantes qui sont conçues pour aider les apprenants de niveau débutant à intermédiaire Néerlandais à améliorer leurs compétences linguistiques.

Ces histoires courtes créent un environnement propice à la lecture en incluant ;

- Un contenu linguistique riche dans différents genres pour vous divertir et vous exposer à une variété de formes de mots.
- Des histoires plus courtes en chapitres pour vous donner la satisfaction de terminer des histoires et de progresser rapidement.
- Des textes écrits à votre niveau afin qu'ils soient plus facilement compréhensibles et ne vous dépassent pas.
- Traduction française sur des pages alternées afin que vous puissiez vous y référer directement ligne par ligne tout en lisant l'histoire Néerlandais.
- Le vocabulaire clé est imprimé en gras tout au long

de l'histoire et de la traduction pour vous aider à comprendre plus facilement les mots qui ne vous sont pas familiers.
- Des questions de compréhension pour tester votre compréhension des événements clés et vous encourager à lire plus en détail.

Que vous souhaitiez enrichir votre vocabulaire, améliorer votre compréhension ou simplement lire pour le plaisir, ce livre est le plus grand pas en avant que vous ferez dans vos études cette année. Histoires Courtes en Néerlandais vous apportera tout le soutien dont vous avez besoin, alors asseyez-vous, détendez-vous et laissez libre cours à votre imagination en vous laissant transporter dans un monde magique d'aventures, de mystères et d'intrigues - en Néerlandais!

Comment utiliser ce livre

La lecture est un talent difficile à maîtriser. Nous utilisons toute une série de micro-compétences pour nous aider à lire dans notre langue maternelle. Par exemple, nous pouvons parcourir un passage pour en comprendre le sens, ou l'essentiel. Nous pouvons aussi passer au peigne fin les nombreuses pages d'un horaire de train à la recherche d'une heure ou d'un lieu précis. Si ces micro-compétences sont une seconde nature lorsque nous lisons dans notre langue maternelle, les recherches révèlent que nous en oublions souvent la plupart lorsque nous lisons dans une langue étrangère. Lorsque nous apprenons une langue étrangère, nous commençons généralement par le début d'un texte et le parcourons en essayant de comprendre chaque mot. Inévitablement, nous rencontrons des termes peu familiers ou complexes et nous sommes gênés par notre incapacité à les comprendre.

L'un des principaux avantages de la lecture dans une langue étrangère est que vous êtes exposé à un grand nombre de phrases et d'expressions utilisées dans des situations quotidiennes. La lecture extensive est un terme utilisé pour décrire la lecture pour le plaisir dans le but d'apprendre une langue. En d'autres termes, la lecture approfondie de manuels scolaires aide généralement à l'apprentissage des règles de grammaire et d'un vocabulaire particulier, mais la lecture extensive d'histoires aide à l'apprentissage du langage naturel.

Histoires Courtes en Néerlandais vous donnera l'occasion d'en apprendre davantage sur la langue naturelle Néerlandais en usage, même si vous avez peut-être commencé votre voyage d'apprentissage des langues

uniquement avec des manuels. Voici quelques conseils à garder à l'esprit lorsque vous lirez les histoires de ce livre pour en tirer le meilleur parti : Lorsqu'il s'agit de lire, le plaisir et le sentiment d'accomplissement sont essentiels. Vous en redemandez parce que vous aimez ce que vous lisez. Lire chaque histoire du début à la fin est la meilleure méthode pour prendre plaisir à lire des histoires et se sentir accompli. Par conséquent, la chose la plus cruciale est d'arriver à la fin d'une histoire. C'est en fait plus important que de connaître chaque mot.

Plus vous lisez, plus vous acquerrez de connaissances. Vous aurez rapidement une connaissance du fonctionnement de la Néerlandais si vous lisez de gros livres pour le plaisir. Cependant, gardez à l'esprit que pour tirer tous les bénéfices d'une lecture extensive, vous devez d'abord lire un volume suffisamment important. Lire quelques pages ici et là peut vous apprendre quelques nouveaux mots, mais cela ne fera pas une différence significative dans votre niveau global de Néerlandais.

Acceptez le fait que vous ne comprendrez pas tout ce que vous lisez dans un roman. C'est, sans aucun doute, le point le plus crucial ! N'oubliez jamais que le fait de ne pas comprendre tous les mots ou toutes les phrases est tout à fait acceptable. Cela ne signifie pas que vos compétences linguistiques sont insuffisantes ou que vos résultats sont médiocres. Cela indique que vous participez activement au processus d'apprentissage.

Guide de lecture

Afin de tirer le meilleur parti de la lecture d'Histoires Courtes en Néerlandais, il est préférable que vous suiviez ce processus de lecture simple en six étapes pour chaque chapitre des histoires :

1. Lisez le titre du chapitre. Réfléchissez à ce que pourrait être le sujet de l'histoire. Puis lisez l'histoire jusqu'au bout. Votre objectif est simplement d'atteindre la fin de l'histoire. Par conséquent, ne vous arrêtez pas pour chercher des mots et ne vous inquiétez pas s'il y a des choses que vous ne comprenez pas. Essayez simplement de suivre l'intrigue.

2. Lorsque vous arrivez à la fin de l'histoire, parcourez la traduction française pour voir si vous avez compris ce qui s'est passé et reprenez tout contexte qui vous aurait échappé.

3. Revenez en arrière et relisez la même histoire. Si vous le souhaitez, vous pouvez vous concentrer davantage sur les détails de l'histoire qu'auparavant, mais sinon, lisez-la simplement une fois de plus.

4. Ensuite, répondez aux questions de compréhension en Néerlandais pour vérifier votre compréhension des événements clés de l'histoire. Si vous ne comprenez pas entièrement les questions, ne vous inquiétez pas. Utilisez vos connaissances pour répondre du mieux que vous pouvez.

5. A ce stade, vous devriez avoir une certaine compréhension des principaux événements du chapitre. Si ce n'est pas le cas, vous pouvez relire le chapitre

plusieurs fois en utilisant la traduction pour vérifier les mots et les phrases inconnus jusqu'à ce que vous vous sentiez en confiance.

Une fois que vous êtes prêt et sûr d'avoir compris ce qui s'est passé - que ce soit après une ou plusieurs lectures de l'histoire - passez à l'histoire suivante et continuez à apprécier l'histoire à votre propre rythme, comme vous le feriez pour n'importe quel autre livre.

Ce n'est qu'une fois que vous avez terminé une histoire dans son intégralité que vous pouvez envisager de revenir en arrière et d'étudier le langage de l'histoire plus en profondeur si vous le souhaitez. Au lieu de vous inquiéter de tout comprendre, prenez le temps de vous concentrer sur ce que vous avez compris et de vous féliciter pour tout ce que vous avez fait.

Histoires
Courtes
en Néerlandais
Emma Jansen

Windmolens

De windmolen is al eeuwenlang niet meer weg te denken uit de menselijke **beschaving**. Eerst werden ze gebruikt om graan te malen, maar nu worden ze voor allerlei doeleinden gebruikt, van het opwekken van elektriciteit tot het oppompen van water. Maar wat als er een windmolen was die een meer sinister doel had? Het was een donkere en stormachtige nacht toen de man bij de windmolen aankwam. Hij voelde een **griezelige** aanwezigheid, alsof hij leefde en naar hem keek. De man wist dat hij hier niet had moeten komen, maar hij kon de aantrekkingskracht van de windmolen niet weerstaan. Het leek hem te roepen, hem **dichterbij** te lokken. Toen hij dichterbij kwam, kon hij zien dat de ramen van de molen gloeiden met een buitenaards **licht**. Er was zeker iets niet in orde met deze plek. Maar toch, hij kon de roep niet weerstaan. Hij moest weten wat er binnen was.

Hij stapte door de deur en kwam in een heel andere wereld. Het eerste wat hem opviel was de geur: muf en aards, met een zweem van **bloed** in de lucht. De man zijn hart bonkte terwijl hij de vreemde kamer rondkeek. Het leek op niets wat hij ooit eerder had gezien. Er waren **symbolen** in de muren gekerfd en een groot **pentagram** in het midden van de vloer. In een hoek

Moulins à vent

Le moulin à vent est un élément de base de la **civilisation** humaine depuis des siècles. Ils ont d'abord servi à moudre le grain, mais ils sont aujourd'hui utilisés à diverses fins, de la production d'électricité au pompage de l'eau. Mais que se passerait-il si un moulin à vent avait un but plus sinistre ? C'est par une nuit sombre et orageuse que l'homme arrive au moulin à vent. Il pouvait sentir une présence **étrange** émaner de lui, comme s'il était vivant et le regardait. L'homme savait qu'il n'aurait pas dû venir ici, mais il ne pouvait pas résister à l'attraction du moulin à vent. Il semblait l'appeler, l'inviter à **se rapprocher**. En se rapprochant, il a pu voir que les fenêtres du moulin brillaient d'une **lumière d'**un autre monde. Il y avait vraiment quelque chose de pas normal dans cet endroit. Mais quand même, il ne pouvait pas résister à son appel. Il devait savoir ce qu'il y avait à l'intérieur.

Il a franchi la porte et est entré dans un tout autre monde. La première chose qui le frappa fut l'odeur : du moisi et de la terre, avec un soupçon de **sang** dans l'air. Le cœur de l'homme battait la chamade tandis qu'il regardait l'étrange pièce. Elle ne ressemblait à rien de ce qu'il avait vu auparavant. Il y avait des **symboles** gravés sur les murs et un grand **pentagramme** au

stond een klein altaar met brandende kaarsen. En in een andere hoek leek een soort dierenkooi te staan. De man wist niet wat hij van dit alles moest denken, maar één ding wist hij zeker: dit was niet zomaar een windmolen meer. Dit was iets heel anders. Hij wist niet wat voor soort kracht of **kwaad** hier woonde, maar hij wist dat het **gevaarlijk** was. Hij moest hier weg voor het te laat was.

De man wilde naar de deur rennen, maar hij werd tegengehouden door een **diepe**, keelachtige stem. "Je had hier niet moeten komen," zei de stem. "Dit is geen plaats voor stervelingen." De man draaide zich langzaam om om te zien wie er sprak, en zijn bloed werd koud toen hij het schepsel voor hem zag staan. Het was mensachtig, maar zijn huid was **groen** en geschubd, als die van een reptiel. Zijn ogen waren **roodgloeiend** en het had scherpe tanden die in staat leken vlees te verscheuren. De man wist dat hij nu in de problemen zat. Er was geen manier waarop hij dit ding kon afweren of hier **levend** vandaan kon komen. Hij kon alleen maar hopen dat welke macht of welk kwaad dan ook op deze plek resideerde, tevreden zou zijn met zijn **dood**. Het schepsel naderde de man langzaam, genietend van de blik van angst in zijn ogen. Het had honger, en het was lang geleden dat het mensenvlees had gegeten. Het bloed van de man zou een smakelijke traktatie zijn.

centre du sol. Dans un coin, il y avait un petit autel sur lequel brûlaient des bougies. Et dans un autre coin, il semblait y avoir une sorte de cage pour animaux. L'homme ne savait pas quoi penser de tout cela, mais il était sûr d'une chose : ce n'était plus un simple moulin à vent. C'était quelque chose d'entièrement différent. Il ne savait pas quel genre de pouvoir ou de **mal** résidait ici, mais il savait que c'était **dangereux**. Il devait partir d'ici avant qu'il ne soit trop tard.

L'homme s'est retourné pour courir vers la porte, mais il a été stoppé net par une voix **grave** et gutturale. "Vous n'auriez pas dû venir ici", a dit la voix. "Ce n'est pas un endroit pour les mortels." L'homme se retourne lentement pour voir qui a parlé, et son sang se glace lorsqu'il voit la créature qui se tient devant lui. Elle était humanoïde, mais sa peau était **verte** et écailleuse, comme celle d'un reptile. Ses yeux **brillaient d'une lueur** rouge et elle avait des dents pointues qui semblaient capables de déchirer la chair. L'homme savait qu'il avait des problèmes maintenant. Il n'y avait aucun moyen de combattre cette chose ou de s'échapper d'ici **vivant**. Il ne pouvait qu'espérer que la puissance ou le mal qui résidait dans ce lieu serait satisfait de sa **mort**. La créature s'est approchée lentement de l'homme, savourant le regard de terreur dans ses yeux. Elle avait faim, et cela faisait longtemps qu'elle ne s'était pas nourrie de chair humaine. Le sang de l'homme serait un régal savoureux en effet.

Begrip vragen

1. Wat is de windmolen?

2. Wat is het doel van de man om naar de windmolen te komen?

3. Wat voelt de man als hij bij de windmolen aankomt?

4. Wat ziet de man als hij naar de windmolen kijkt?

5. Waarom gaat de man de windmolen binnen?

6. Wat is het eerste wat de man opvalt als hij de windmolen binnengaat?

7. Wat is er in de kamer?

8. Wie spreekt tot de man?

9. Wat is het schepsel?

10. Wat is het lot van de man?

Questions de compréhension

1. Qu'est-ce que le moulin à vent ?

2. Quel est le but de l'homme en venant au moulin à vent ?

3. Que ressent l'homme lorsqu'il arrive au moulin à vent ?

4. Que voit l'homme quand il regarde le moulin à vent ?

5. Pourquoi l'homme entre-t-il dans le moulin à vent ?

6. Quelle est la première chose que l'homme remarque lorsqu'il entre dans le moulin à vent ?

7. Qu'y a-t-il dans la pièce ?

8. Qui parle à l'homme ?

9. Qu'est-ce que la créature ?

10. Quel est le sort de l'homme ?

Amsterdam

De stad Amsterdam is een prachtige plaats. De grachten staan vol met **bomen** en bloemen, en de gebouwen hebben allemaal verschillende kleuren. Het is een heel vriendelijke stad, en er zijn altijd mensen op de been. Ik ben hier geboren, in een van de kleine huisjes aan de **gracht**. Mijn ouders waren allebei kunstenaars, en ze schilderden graag de Amsterdamse taferelen. Ik groeide op omringd door hun kunst, en het inspireerde me om zelf ook **kunstenaar** te worden. Tegenwoordig woon ik met mijn vrouw en twee kinderen in een groter huis vlakbij het centrum van de stad. We hebben nog steeds een aantal schilderijen van mijn ouders aan **de muur hangen**, evenals een aantal van mijn eigen werken. Ik denk graag dat hun invloed in de loop der jaren op mij is overgegaan. Vanmorgen liep ik langs het kanaal en bewonderde het landschap, zoals ik altijd doe. De zon begon net op te komen en het licht scheen **prachtig** op het water.

Ik zag een paar eenden voorbij zwemmen, en ik stopte om ze een tijdje te bekijken. Plotseling hoorde ik iemand mijn naam roepen. Het klonk als mijn **vrouw**, dus ik draaide me om, en ja hoor, ze rende naar me toe met een grote glimlach op haar gezicht. Ze zei dat ze me overal had gezocht omdat we met vrienden zouden gaan ontbijten. Ik lachte en zei haar dat ze had moeten

Amsterdam

La ville d'Amsterdam est un endroit magnifique. Les canaux sont bordés d'**arbres** et de fleurs, et les bâtiments sont de toutes les couleurs. C'est une ville très accueillante et il y a toujours du monde dehors. Je suis née ici, dans l'une des petites maisons au bord du **canal**. Mes parents étaient tous deux artistes et ils aimaient peindre les scènes d'Amsterdam. J'ai grandi entouré de leur art et cela m'a donné envie de devenir moi-même un **artiste**. Aujourd'hui, je vis dans une plus grande maison près du centre ville avec ma femme et mes deux enfants. Nous avons encore quelques tableaux de mes parents accrochés à nos **murs**, ainsi que certaines de mes propres œuvres. J'aime à penser que leur influence a déteint sur moi au fil des ans. Ce matin, je me promenais le long du canal, admirant le paysage comme je le fais toujours. Le soleil commençait tout juste à se lever, et la lumière brillait sur l'eau d'une manière **magnifique**.

J'ai vu un couple de canards nager près de moi, et je me suis arrêté pour les regarder pendant un moment. Soudain, j'ai entendu quelqu'un appeler mon nom. On aurait dit ma **femme**, alors je me suis retourné et, bien sûr, elle courait vers moi avec un grand sourire. Elle m'a dit qu'elle m'avait cherché partout parce que nous devions rencontrer des amis pour le petit-déjeuner.

weten waar ze me kon vinden - dit is tenslotte mijn favoriete plek in Amsterdam. Na **het ontbijt** hebben we nog wat door de stad gewandeld en **gewinkeld**. Mijn vrouw kocht een nieuwe jurk en ik een paar nieuwe schoenen. We kwamen onze vrienden van het ontbijt op de markt tegen, en ze nodigden ons uit om die avond wat te gaan drinken. We hebben heerlijk gekletst en gelachen bij de **cocktails**, en voor we het wisten was het middernacht. We namen afscheid en gingen door de rustige straten van Amsterdam naar huis. Het is hier altijd zo vredig 's nachts. Plotseling hoorde ik geschreeuw uit een van de grachten komen. We haastten ons om te kijken wat er aan de hand was, en we zagen twee mannen ruzie met elkaar maken. Een van hen duwde de ander in het **water**.

Zonder na te denken sprong ik achter hem aan het kanaal in. Het **koude** water benam me de adem, maar ik slaagde erin de man vast te grijpen en hem in veiligheid te trekken. Zijn vriend stond daar nog steeds in shock, en ik zei hem om hulp te bellen. Binnen een paar minuten was de **politie** gearriveerd, en ze namen verklaringen op van alle betrokkenen. Het bleek dat de man die in de gracht was gevallen een toerist uit Amerika was, en hij was erg dankbaar dat ik zijn leven had gered. Hij zei dat hij Amsterdam of mij nooit zou vergeten.

J'ai ri et lui ai dit qu'elle aurait dû savoir où me trouver
- après tout, c'est mon endroit préféré à Amsterdam.
Après le **petit-déjeuner**, nous nous sommes promenés
en ville pendant un moment et avons fait quelques
achats. Ma femme a acheté une nouvelle robe, et
moi une nouvelle paire de chaussures. Nous avons
rencontré nos amis du petit-déjeuner au marché et
ils nous ont invités à sortir prendre un verre le soir
même. Nous avons passé un bon moment à discuter
et à rire en buvant **des cocktails**, et avant même de
nous en rendre compte, il était minuit. Nous avons fait
nos adieux et sommes rentrés chez nous par les rues
tranquilles d'Amsterdam. C'est toujours si paisible ici
la nuit. Soudain, j'ai entendu des cris venant d'un des
canaux. Nous nous sommes précipités pour voir ce qui
se passait, et nous avons vu deux hommes se disputer.
L'un d'eux a poussé l'autre dans l'**eau**.

Sans réfléchir, j'ai sauté dans le canal à sa suite.
L'eau **froide** m'a coupé le souffle, mais j'ai réussi à
m'accrocher à l'homme et à le tirer en sécurité. Son
ami était toujours sous le choc et je lui ai dit d'appeler
à l'aide. En quelques minutes, la **police est** arrivée
et a pris les déclarations de toutes les personnes
impliquées. Il s'avère que l'homme qui est tombé dans
le canal est un touriste américain et qu'il était très
reconnaissant que je lui aie sauvé la vie. Il a dit qu'il
n'oublierait jamais Amsterdam - ou moi.

Begrip vragen

1. Wat is de favoriete plek van de auteur in Amsterdam?

2. Wat heeft de vrouw van de schrijver op de markt gekocht?

3. Hoe laat gingen de schrijver en zijn vrouw naar huis?

4. Waarover ging de ruzie tussen de twee mannen?

5. Hoe voelde de schrijver zich nadat hij het leven van de man had gered?

6. Waardoor realiseerde de auteur zich hoe belangrijk het is om je altijd bewust te zijn van je omgeving?

7. Waar kwamen de ouders van de auteur vandaan?

8. Wat doet de auteur voor de kost?

9. Welk seizoen was het in Amsterdam toen het verhaal zich afspeelde?

10. Wat vindt de schrijver van zijn stad?

Questions de compréhension

1. Quel est l'endroit préféré de l'auteur à Amsterdam ?

2. Qu'a acheté la femme de l'auteur au marché ?

3. A quelle heure l'auteur et sa femme sont-ils rentrés chez eux ?

4. Sur quoi portait la dispute entre les deux hommes ?

5. Qu'a ressenti l'auteur après avoir sauvé la vie de l'homme ?

6. Qu'est-ce qui a fait prendre conscience à l'auteur de l'importance de toujours être conscient de son environnement ?

7. D'où venaient les parents de l'auteur ?

8. Quel est le métier de l'auteur ?

9. Quelle était la saison à Amsterdam lorsque l'histoire s'est déroulée ?

10. Que pense l'auteur de sa ville ?

Houten Schoenen

De vrouw van de schoenmaker zat aan haar **keukentafel** een paar klompen te repareren. Het was een rustige dag, en ze had niets anders te doen. Ze dacht aan haar man, in de werkplaats, bezig met zijn laatste creatie. Ze glimlachte in zichzelf, terwijl ze zich herinnerde hoe ze elkaar hadden ontmoet. Ze had over het marktplein gelopen toen ze hem voor het eerst had gezien. Hij verkocht zijn waren in een klein kraampje, en zij voelde zich meteen aangetrokken tot zijn vakmanschap. Ze knoopten een **gesprek aan** en al snel merkten ze dat ze een liefde voor houtbewerking deelden. Kort daarop trouwden ze en begonnen samen een eigen bedrijf in het maken van klompen. Jaren later draaiden ze nog steeds **goed**. De vrouw van de schoenmaker was klaar met het maken van de schoen en stond op om haar rug te strekken. Terwijl ze dat deed, zag ze iets buiten het **raam**. Er liep een man op straat, met een paar **klompen aan**.

Zoiets had ze nog nooit gezien! Geïntrigeerd ging ze naar de deur en riep naar hem. Hij kwam naar haar toe en ze begonnen te praten. Hij vertelde haar dat hij uit een klein **dorpje** in Nederland kwam waar iedereen klompen droeg. Hij zei dat ze heel comfortabel waren en je voeten warm hielden in de **winter**. De vrouw

Chaussures en bois

La femme du cordonnier était assise à la table de sa **cuisine**, réparant une paire de chaussures en bois. C'était une journée calme, et elle n'avait rien d'autre à faire. Elle pensa à son mari, dans l'atelier, en train de marteler sa dernière création. Elle sourit en se rappelant comment ils s'étaient rencontrés. Elle se promenait sur la place du marché quand elle l'a vu pour la première fois. Il vendait ses produits sur un petit stand, et elle a été immédiatement attirée par son travail. Ils ont entamé une **conversation** et se sont vite rendu compte qu'ils partageaient la même passion pour le travail du bois. Ils se sont mariés peu après et ont créé leur propre entreprise de fabrication de chaussures en bois. Des années plus tard, ils étaient toujours **en** activité. La femme du cordonnier finit de réparer la chaussure et se lève pour s'étirer le dos. Ce faisant, elle aperçoit quelque chose derrière la **fenêtre**. Il y avait un homme qui marchait dans la rue, portant une paire de chaussures en **bois**.

Elle n'avait jamais rien vu de tel ! Intriguée, elle se rendit à la porte et l'appela. Il s'approche et ils commencent à parler. Il lui dit qu'il venait d'un petit **village** des Pays-Bas où tout le monde portait des chaussures en bois. Il a dit qu'elles étaient très

van de schoenmaker was gefascineerd door dit idee en vroeg of zij ze mocht passen. De man stemde toe en hielp haar de schoenen aan te trekken. Ze pasten perfect! Ze liep een paar stappen rond haar tuin om aan de schoenen te wennen. Plotseling besefte ze dat ze zelf ook een **paar** wilde. Ze bedankte de man voor zijn hulp en haastte zich naar de **werkplaats** om haar man te vertellen wat ze had gezien. Hij was net klaar met zijn werk voor die dag, maar toen hij het opgewonden verhaal van zijn vrouw hoorde, stemde hij ermee in om meteen een paar **klompen** voor haar te maken. Terwijl hij werkte, zat zij aan de keukentafel en **droomde** van alle plaatsen waar ze met haar nieuwe schoenen naar toe zou gaan.

De volgende dag ging de vrouw van de schoenmaker **wandelen** met haar nieuwe schoenen aan. Ze had het gevoel dat ze op lucht liep! Overal waar ze kwam, staarden de mensen naar haar **ongewone** schoeisel. Maar dat vond ze niet erg; ze had er te veel plezier in om de wereld te ontdekken op haar klompen. De vrouw van de schoenmaker bleef haar klompen nog vele jaren dragen, lang nadat haar man was overleden. Ze werden haar **handelsmerk**, en ze stond wijd en zijd bekend als de vrouw met de klompen. Ze kreeg er nooit genoeg van en deed niets liever dan wandelen in haar geliefde klompen.

confortables et qu'elles gardaient les pieds au chaud en **hiver**. La femme du cordonnier est fascinée par cette idée et demande si elle peut les essayer. L'homme accepte et l'aide à enfiler les chaussures. Elles lui vont parfaitement ! Elle fait quelques pas dans sa cour, pour s'habituer à la sensation qu'elles procurent. Soudain, elle se rendit compte qu'elle voulait une **paire à elle**. Elle remercie l'homme pour son aide et se précipite dans l'**atelier** pour raconter à son mari ce qu'elle a vu. Il terminait son travail de la journée, mais en entendant l'histoire passionnante de sa femme, il a accepté de lui fabriquer immédiatement une paire de **chaussures** en bois. Pendant qu'il travaillait, elle s'est assise à la table de la cuisine, **rêvant** de tous les endroits où elle irait avec ses nouvelles chaussures.

Le lendemain, la femme du cordonnier est sortie se **promener avec** ses nouvelles chaussures. Elle avait l'impression de marcher sur l'air ! Partout où elle allait, les gens s'arrêtaient pour regarder ses chaussures **inhabituelles**. Mais elle s'en moque, elle s'amuse trop à explorer le monde avec ses chaussures en bois. La femme du cordonnier a continué à porter ses chaussures en bois pendant de nombreuses années, longtemps après le décès de son mari. Elles devinrent sa **marque de fabrique** et elle fut connue dans le monde entier comme la femme aux chaussures de bois. Elle ne s'en lassait jamais et n'aimait rien tant que de se promener dans ses chaussures adorées.

Begrip vragen

1. Wat deed de vrouw van de schoenmaker toen ze aan haar man dacht?

2. Wat deed de vrouw van de schoenmaker toen ze de man op klompen over straat zag lopen?

3. Wat zei de man uit Nederland tegen de vrouw van de schoenmaker over klompen?

4. Hoe voelde de vrouw van de schoenmaker zich toen ze ging wandelen in haar nieuwe schoenen?

5. Waarom was de vrouw van de schoenmaker wijd en zijd bekend als de vrouw met de klompen?

6. Wat deed de vrouw van de schoenmaker toen ze de jonge vrouw met de klompen tegenkwam?

7. Waar droomde de jonge vrouw van toen ze luisterde naar de vrouw van de schoenmaker?

8. Hoe voelde de vrouw van de schoenmaker zich over haar klompen?

9. Wat deed de vrouw van de schoenmaker elke dag?

Questions de compréhension

1. Que faisait la femme du cordonnier quand elle pensait à son mari ?

2. Qu'a fait la femme du cordonnier quand elle a vu l'homme marcher dans la rue avec des chaussures en bois ?

3. Qu'a dit l'homme des Pays-Bas à la femme du cordonnier à propos des chaussures en bois ?

4. Comment s'est sentie la femme du cordonnier lorsqu'elle est allée se promener avec ses nouvelles chaussures ?

5. Pourquoi la femme du cordonnier était-elle connue loin à la ronde comme la femme aux chaussures de bois ?

6. Qu'a fait la femme du cordonnier lorsqu'elle a rencontré la jeune femme portant des chaussures en bois ?

7. À quoi rêvait la jeune femme en écoutant la femme du cordonnier ?

8. Que pensait la femme du cordonnier de ses chaussures en bois ?

9. Que faisait la femme du cordonnier tous les jours ?

Fietsen

De eerste keer dat ik ging **fietsen**, was ik acht jaar oud. Mijn vader nam me mee op een zondagochtend en liet me zien hoe ik moest fietsen. Het was zo leuk! Daarna ben ik bij elke kans die ik kreeg gaan fietsen. Nu, achttien jaar oud, is fietsen mijn **favoriete** hobby. Als ik tijd heb, ben ik altijd op de weg te vinden om nieuwe routes te ontdekken en te genieten van de frisse lucht. Fietsen heeft me in de loop der jaren zoveel plezier gebracht - het is een geweldige manier om actief te blijven en mijn hoofd leeg te maken. En er gaat niets boven het gevoel van **voldoening** na het voltooien van een lange rit. Vorige week was ik aan het fietsen op mijn favoriete route toen ik een lekke **band kreeg**. Ik was ongeveer halverwege de rit en ik kon met geen mogelijkheid terug naar huis fietsen zonder eerst mijn band te repareren. Gelukkig herinnerde ik me dat ik niet ver van het pad een fietsenwinkel zag.

Ik fietste zo snel als ik kon naar de winkel, en gelukkig waren ze open! De monteur repareerde mijn band snel en gaf me zelfs wat tips om een lekke band in de toekomst te voorkomen. Het kostte me wat geld, maar het was het waard - nu kan ik weer de **weg op** en genieten. Ik fiets nu al een paar jaar en ik heb veel over de sport geleerd. Een van de belangrijkste dingen die ik heb geleerd is dat het altijd **belangrijk is** om

Cyclisme

La première fois que j'ai fait du **vélo**, j'avais huit ans. Mon père m'a emmené un dimanche matin et m'a montré comment faire du vélo. C'était tellement amusant ! Après cela, j'ai fait du vélo dès que j'en ai eu l'occasion. Aujourd'hui, à dix-huit ans, le vélo est mon passe-temps **favori**. Dès que j'ai du temps libre, je suis sur la route, j'explore de nouveaux sentiers et je profite de l'air frais. Le vélo m'a apporté tant de joie au fil des ans. C'est un excellent moyen de rester actif et de me vider la tête. De plus, il n'y a rien de tel que le sentiment d'**accomplissement** après avoir terminé une longue randonnée. La semaine dernière, je faisais du vélo sur mon sentier préféré lorsque j'ai eu une **crevaison**. J'étais à peu près à la moitié du trajet et il était hors de question que je rentre à la maison sans avoir réparé le pneu avant. Heureusement, je me suis souvenu avoir vu un magasin de vélos pas très loin de la piste.

J'ai pédalé aussi vite que possible jusqu'au magasin, et heureusement, ils étaient ouverts ! Le mécanicien a réparé mon pneu rapidement et m'a même donné quelques conseils pour éviter les crevaisons à l'avenir. Cela m'a coûté un peu d'argent, mais cela en valait la peine - maintenant je peux retourner sur les **sentiers** et m'amuser à nouveau. Je fais du vélo depuis quelques années maintenant, et j'ai beaucoup appris sur ce

voorbereid te zijn. Daarom controleer ik voor elke rit mijn fiets grondig en neem ik alles mee wat ik nodig heb: water, snacks, een reserveband, enz. Vorige week maakte ik een ritje dat langer duurde dan normaal en vergat ik genoeg water in te pakken. Ongeveer **halverwege** de rit begon ik echt dorst te krijgen en wist ik dat ik snel wat water moest vinden. Gelukkig was er een supermarkt niet al te ver van het pad. Maar toen ik daar aankwam, hadden ze geen flessenwater meer! Gelukkig hadden ze wel **sportdrankjes** op voorraad, zodat ik de rest van de rit zonder problemen kon doorkomen.

Fietsen is zo'n belangrijk deel van mijn leven geworden - het is iets dat me elke dag weer vreugde brengt. Het maakt niet uit in wat voor **stemming** ik ben als ik begin met fietsen, aan het eind van mijn rit voel ik me altijd beter. Soms, als het weer niet geweldig is of als ik een slechte dag heb, kan gewoon op mijn fiets stappen en een ritje gaan maken mijn **kijk op de dingen** volledig veranderen. Op dagen dat ik langere ritten maak of nieuwe routes ontdek, is er niets beter dan het gevoel van voldoening en trots dat ik voel als ik ze **tot een goed einde breng**.

sport. L'une des choses les plus importantes que j'ai apprises est qu'il **faut** toujours être préparé. C'est pourquoi, avant chaque sortie, je vérifie soigneusement mon vélo et j'emporte tout ce qu'il faut : de l'eau, des collations, une chambre à air de rechange, etc. La semaine dernière, j'ai fait une sortie plus longue que d'habitude et j'ai oublié d'emporter suffisamment d'eau. La semaine dernière, j'ai fait une sortie plus longue que d'habitude et j'ai oublié d'emporter suffisamment d'eau. Heureusement, il y avait un dépanneur pas trop loin du sentier. Mais quand j'y suis arrivé, il n'y avait plus de bouteilles d'eau ! Heureusement, ils avaient des boissons pour **sportifs** en stock, ce qui m'a permis de tenir le coup jusqu'à la fin de ma randonnée sans problème.

Le vélo est devenu une partie tellement importante de ma vie - c'est quelque chose qui m'apporte de la joie chaque jour. Quelle que soit mon **humeur** lorsque je commence à pédaler, je me sens toujours mieux à la fin de mon parcours. Parfois, lorsque le temps n'est pas au beau fixe ou que je passe une mauvaise journée, le simple fait d'enfourcher mon vélo et de partir en balade peut changer complètement ma **vision des choses**. Les jours où je fais de longues promenades ou que j'emprunte de nouveaux sentiers, rien ne vaut le sentiment d'accomplissement et de fierté que je ressens lorsque je les termine **avec succès**.

Begrip vragen

1. Wat deed de schrijver toen hij een lekke band kreeg op zijn fiets?

2. Wat doet de auteur voor elke fietstocht?

3. Wat zegt de auteur over hoe fietsen hen doet voelen?

4. Wat deed de auteur toen ze dorst kregen tijdens hun fietstocht?

5. Wat zegt de auteur over zijn favoriete ding aan fietsen?

6. Wat zegt de auteur over de eerste keer dat ze gingen fietsen?

7. Wat zegt de auteur over hoe fietsen een deel van hun leven is geworden?

8. Wat zegt de auteur over het weer en het effect daarvan op hun stemming?

9. Wat zegt de auteur over langere fietstochten?

10. Wat zegt de auteur over het verkennen van nieuwe paden?

Questions de compréhension

1. Qu'a fait l'auteur lorsqu'il a eu un pneu crevé sur son vélo ?

2. Que fait l'auteur avant chaque randonnée à vélo ?

3. Que dit l'auteur sur les sentiments qu'il éprouve en faisant du vélo ?

4. Qu'a fait l'auteur lorsqu'il a eu soif pendant sa promenade à vélo ?

5. Que dit l'auteur de ce qu'il préfère dans le cyclisme ?

6. Que dit l'auteur de la première fois qu'ils ont fait du vélo ?

7. Que dit l'auteur sur la façon dont le vélo est devenu une partie intégrante de sa vie ?

8. Que dit l'auteur à propos du temps et de son effet sur leur humeur ?

9. Que dit l'auteur à propos des longues randonnées à vélo ?

10. Que dit l'auteur à propos de l'exploration de nouveaux sentiers ?

Sint-Janskathedraal

De zon begon net over de horizon te komen en wierp een roze en oranje gloed over de hemel. De vogels zongen en de bloemen **bloeiden alsof** het een andere dag was. Maar het was niet als elke andere dag. Vandaag was speciaal. Het was de dag dat John tot priester zou worden gewijd. Hij kon het nauwelijks geloven toen hij zijn **toga aantrok** en op weg ging naar de Sint-Janskathedraal. Hij had er altijd van gedroomd priester te worden, maar nooit gedacht dat het echt zou gebeuren. Toen hij de **kathedraal** binnenkwam, voelde hij een gevoel van vrede over zich heen spoelen. Dit was waar hij thuishoorde. De ceremonie ging in een waas voorbij, en voor hij het wist, was John officieel priester! Hij kon niet blijer zijn geweest toen hij weer in het **zonlicht** stapte, zijn nieuwe leven voor zich vol hoop en belofte. Toen John aan zijn nieuwe leven als **priester** begon, besefte hij al snel dat het niet altijd makkelijk was.

Er waren dagen dat hij voelde dat hij faalde en andere dagen dat hij twijfelde aan zijn **geloof**. Maar ondanks alles bleef de Sint-Janskathedraal een constante bron van kracht en troost voor hem. Voor welke uitdagingen hij ook kwam te staan, de **kathedraal** leek altijd een

Cathédrale Saint-Jean

Le soleil commençait à peine à dépasser l'horizon, projetant une lueur rose et orange dans le ciel. Les oiseaux chantaient et les fleurs **s'épanouissaient** comme si c'était n'importe quel autre jour. Mais ce n'était pas un jour comme les autres. Aujourd'hui était spécial. C'était le jour où John allait être ordonné prêtre. Il a du mal à y croire lorsqu'il enfile sa **robe** et se rend à la cathédrale Saint-Jean. Il avait toujours rêvé de devenir prêtre, mais n'avait jamais pensé que cela arriverait vraiment. En entrant dans la **cathédrale**, il a senti un sentiment de paix l'envahir. C'était là qu'était sa place. La cérémonie s'est déroulée en un clin d'œil et, avant même de s'en rendre compte, John était officiellement prêtre ! Il n'aurait pas pu être plus heureux en marchant à nouveau dans la **lumière du soleil**, sa nouvelle vie devant lui étant pleine d'espoir et de promesses. En commençant sa nouvelle vie de **prêtre**, John s'est vite rendu compte que ce n'était pas toujours facile.

Il y avait des jours où il avait l'impression d'échouer et d'autres où il remettait sa **foi** en question. Mais à travers tout cela, la cathédrale Saint-Jean est restée pour lui une source constante de force et de réconfort.

gevoel van vrede en rust te bieden. Het was alsof God zelf aanwezig was binnen die gewijde muren. Telkens als John de kathedraal binnenging, voelde hij dat Zijn aanwezigheid hem vervulde met hoop en moed. De jaren gingen voorbij, en John bleef trouw in de Sint-Janskathedraal dienen. Hij had door de jaren heen veel veranderingen gezien, maar één ding bleef hetzelfde: de **kracht** van Gods liefde die binnen die **heilige** muren te voelen was. Op een dag kreeg John verwoestend nieuws.

Zijn beste jeugdvriend was **gediagnosticeerd** met kanker en had nog maar een paar maanden te leven. John was er kapot van. Hij had het gevoel dat hij zijn vriend in de steek had gelaten door hem niet te kunnen redden. Hij wendde zich tot de enige plek die hem altijd **troost** bood: Saint John's Cathedral. Toen hij de vertrouwde ruimte binnenkwam, voelde hij zich onmiddellijk **rustiger**. Hij knielde neer voor het altaar en bad voor zijn vriend, God smekend hem kracht en vrede te geven in deze moeilijke tijd. Toen hij de kathedraal verliet, voelde John zich alsof er een last van zijn schouders was gevallen. Hij wist dat, wat er ook gebeurde, God bij hem was en hem en zijn vrienden nooit in de steek zou laten in hun tijd van nood. Een paar weken later kreeg John een telefoontje van zijn vriend.

Quels que soient les défis auxquels il était confronté, la **cathédrale** semblait toujours lui offrir un sentiment de paix et de calme. C'était comme si Dieu lui-même était présent dans ces murs sacrés. Chaque fois que John entrait dans la cathédrale, il sentait sa présence le remplir d'espoir et de courage. Les années ont passé, et John a continué à servir fidèlement à la cathédrale Saint-Jean. Il avait vu de nombreux changements au fil des ans, mais une chose restait la même : la **puissance** de l'amour de Dieu que l'on pouvait ressentir entre ces murs **sacrés**. Un jour, John a reçu des nouvelles dévastatrices.

Son meilleur ami d'enfance a été **diagnostiqué** d'un cancer et on lui a donné seulement quelques mois à vivre. John est dévasté. Il avait l'impression d'avoir manqué à son ami en ne parvenant pas à le sauver. Il s'est tourné vers le seul endroit qui lui a toujours apporté du **réconfort** : la cathédrale Saint John. En entrant dans cet espace familier, il s'est immédiatement senti **plus calme**. Il s'est agenouillé devant l'autel et a prié pour son ami, suppliant Dieu de lui donner la force et la paix dans ce moment difficile. En quittant la cathédrale, John a eu l'impression qu'un poids avait été enlevé de ses épaules. Il savait que, quoi qu'il arrive, Dieu était avec lui et ne l'abandonnerait jamais, lui ou ses amis, dans cette période difficile. Quelques semaines plus tard, John a reçu un appel de son ami.

Begrip vragen

1. Wat was de naam van de kathedraal?

2. Wat deed Johannes toen hij het nieuws over zijn vriend vernam?

3. Wat zei John's vriend over de Sint-Janskathedraal?

4. Hoe voelde Johannes zich toen hij tot priester werd gewijd?

5. Wat voelde Johannes toen hij voor de eerste keer de kathedraal binnenkwam?

6. Wat was het enige dat hetzelfde bleef door de jaren heen?

7. Wat was het verwoestende nieuws dat Johannes kreeg?

8. Hoe voelde John zich nadat hij de kathedraal verliet?

9. Waar bad Johannes voor?

10. Wat was de afloop van het verhaal?

Questions de compréhension

1. Quel était le nom de la cathédrale ?

2. Qu'a fait Jean lorsqu'il a reçu les nouvelles de son ami ?

3. Qu'a dit l'ami de Jean à propos de la cathédrale Saint-Jean ?

4. Comment Jean s'est-il senti lorsqu'il a été ordonné prêtre ?

5. Qu'a ressenti Jean lorsqu'il est entré dans la cathédrale pour la première fois ?

6. Quelle est la chose qui est restée la même au fil des ans ?

7. Quelle a été la nouvelle dévastatrice que Jean a reçue ?

8. Comment John s'est-il senti après avoir quitté la cathédrale ?

9. Pour quoi Jean a-t-il prié ?

10. Quel a été le résultat de l'histoire ?

Vincent Van Gogh

De zon ging onder aan de hemel en Vincent Van Gogh
voelde de koele **bries** door zijn haar waaien. Hij had
de hele dag geschilderd en was uitgeput. Maar hij
kon het niet helpen een gevoel van vreugde te krijgen
toen hij naar zijn laatste **creatie keek**. De kleuren
waren zo levendig en levendig, net zoals hij zich van
binnen voelde. Hij wist dat sommige mensen zijn kunst
niet begrepen. Ze vonden het te vreemd, te anders.
Maar dat maakte hem niet uit. Hij hield van wat hij
deed, en dat was het enige dat telde. Terwijl hij zijn
spullen pakte om terug te gaan naar zijn huis, kon
hij niet anders dan glimlachen. Hij mag dan nog niet
beroemd zijn, maar op een dag zullen de mensen zijn
kunst waarderen voor wat het waard is. En tot dan,
zou hij blijven **schilderen** vanuit het diepst van zijn
ziel. Het was een paar maanden geleden dat Vincent
dat schilderij had voltooid, en hij was al bezig met een
nieuw. Hij was altijd zo geïnspireerd door de wereld om
hem heen, en hij deed niets liever dan zijn gevoelens
uitdrukken in zijn kunst. Sommige dagen waren
moeilijker dan andere. Er waren momenten dat hij aan
zichzelf twijfelde, dat hij zich afvroeg of wat hij deed **er
wel toe deed**.

Maar dan keek hij naar zijn schilderijen en wist hij dat

Vincent Van Gogh

Le soleil se couchait dans le ciel, et Vincent Van Gogh pouvait sentir la **brise** fraîche souffler dans ses cheveux. Il avait peint toute la journée, et il était épuisé. Mais il ne pouvait s'empêcher de ressentir un sentiment de joie en regardant sa dernière **création**. Les couleurs étaient si vibrantes et vivantes, tout comme ce qu'il ressentait à l'intérieur. Il savait que certaines personnes ne comprenaient pas son art. Ils pensaient que c'était trop étrange, trop différent. Mais cela n'avait pas d'importance pour lui. Il aimait ce qu'il faisait, et c'est tout ce qui comptait. Alors qu'il rangeait ses **affaires** pour rentrer chez lui, il ne pouvait s'empêcher de sourire. Il n'est peut-être pas encore célèbre, mais un jour les gens apprécieront son art à sa juste valeur. Et d'ici là, il continuera à **peindre** du plus profond de son âme. Cela faisait quelques mois que Vincent avait terminé cette peinture, et il travaillait déjà sur une nouvelle. Il était toujours si inspiré par le monde qui l'entourait, et il n'aimait rien de plus que d'exprimer ses sentiments à travers son art. Certains jours étaient **plus difficiles** que d'autres. Il y avait des moments où il doutait de lui-même, où il se demandait si ce qu'il faisait était vraiment **important**.

Mais ensuite, il regardait ses peintures, et il savait que

het er wel degelijk toe deed. Zijn **kunst** was een deel van hem, en zolang hij bleef creëren, deed niets anders er toe. Hij was diep in gedachten terwijl hij aan zijn laatste schilderij werkte, toen er plotseling op de deur werd geklopt. Hij verwachtte niemand, maar misschien was het een van zijn vrienden die kwam kijken hoe het met hem ging. Hij legde zijn **penseel neer** en ging naar de deur om te antwoorden. Zodra hij de deur opende, wist Vincent dat er iets mis was. Hij kon de angst in de **ogen** zien van de man die voor hem stond. En toen hoorde hij het geweerschot en voelde de pijn in zijn borst. Hij strompelde achteruit en greep vol ongeloof naar zijn **wond**. Dit kon niet gebeuren. Niet met hem. Maar het was maar al te echt, en hij voelde zich met de seconde zwakker worden. Het laatste wat hij zag voordat alles zwart werd, was de man die wegliep in de nacht. Vincent ontwaakte bij het geluid van vogels die buiten zijn raam tsjilpten. Het kostte hem even om zich te herinneren wat er was gebeurd, en toen sloeg de **pijn** hem als een ton bakstenen.

cela avait de l'importance. Son **art faisait** partie de lui, et tant qu'il continuait à créer, rien d'autre ne comptait. Il était plongé dans ses pensées alors qu'il travaillait sur sa dernière peinture quand soudain on a frappé à la porte. Il n'attendait personne, mais c'était peut-être un de ses amis qui venait prendre de ses nouvelles. Il pose son **pinceau** et va ouvrir la porte. Dès qu'il a ouvert la porte, Vincent a su que quelque chose n'allait pas. Il pouvait voir la peur dans les **yeux** de l'homme qui se tenait devant lui. Et puis il a entendu le coup de feu et a senti la douleur dans sa poitrine. Il a trébuché en arrière, s'accrochant à sa **blessure** avec incrédulité. Cela ne pouvait pas arriver. Pas à lui. Mais c'était trop réel, et il se sentait de plus en plus faible. La dernière chose qu'il a vue avant que tout ne devienne noir, c'est l'homme s'enfuyant dans la nuit. Vincent s'est réveillé au son des oiseaux qui gazouillaient derrière sa fenêtre. Il lui a fallu un moment pour se rappeler ce qui s'était passé, puis la **douleur** l'a frappé comme une tonne de briques.

Begrip vragen

1. Wat was het laatste wat Vincent zag voor hij stierf?

2. Hoe voelde Vincent zich over zijn kunst?

3. Wat deed Vincent toen hij de klop op de deur hoorde?

4. Wat denk je dat de betekenis is van Vincent's laatste schilderij?

5. Hoe denk je dat Vincent's vrienden zouden reageren op zijn dood?

6. Wat denk je dat de wereld zal denken van Vincent's kunst als hij er niet meer is?

7. Wat zou Vincent zeggen tegen iemand die zijn kunst niet begrijpt?

8. Wat denk je dat Vincent probeerde uit te drukken met zijn kunst?

9. Wat denk je dat het belangrijkste was voor Vincent?

10. Wat denk je dat Vincent's nalatenschap zal zijn?

Questions de compréhension

1. Quelle est la dernière chose que Vincent a vue avant de mourir ?

2. Comment Vincent se sentait-il par rapport à son art ?

3. Qu'a fait Vincent quand il a entendu frapper à la porte ?

4. A votre avis, quelle est la signification de la dernière peinture de Vincent ?

5. Comment pensez-vous que les amis de Vincent réagiraient à sa mort ?

6. Que pensez-vous que le monde pensera de l'art de Vincent après sa mort ?

7. Que dirait Vincent à quelqu'un qui ne comprendrait pas son art ?

8. A votre avis, qu'est-ce que Vincent essayait d'exprimer à travers son art ?

9. A votre avis, quelle était la chose la plus importante pour Vincent ?

10. Quel sera, selon vous, l'héritage de Vincent ?

Bier

Het was een donkere en **stormachtige** nacht. Phillip was naar de bar geweest met zijn vrienden, om zijn ex-vriendin te vergeten. Hij had een paar biertjes te veel op en voelde zich best goed toen hij de bar verliet. Maar nu, in de **regen** naar huis lopend, voelde hij zich niet zo geweldig. Zijn hoofd tolde en hij kon nauwelijks zien waar hij heen ging. Plotseling gleed hij uit op een nat stuk trottoir en viel hard op zijn zij. "Auw!" riep hij uit terwijl de pijn door zijn lichaam schoot. Hij probeerde op te staan, maar voelde zich **duizelig** en wankel op zijn voeten. "Help!" riep hij zwakjes in de duisternis, maar er was niemand in de buurt om hem te horen. Phillip lag op de grond en probeerde op adem te komen. Hij had veel pijn en wist dat hij moest opstaan om hulp te zoeken. Maar elke keer als hij het probeerde, voelde hij zich duizelig en **misselijk** en moest hij weer gaan liggen. Hij werd koud en nat van de regen, maar hij had de **energie niet** om zich te bewegen.

Plotseling hoorde hij voetstappen naderen en iemand zijn naam roepen. Het was zijn buurvrouw, mevrouw Saunders. "Oh godzijdank!" **riep** Phillip zwakjes uit toen ze in zicht kwam. "Ik ben gevallen en ik kan niet opstaan." Mevrouw Saunders hielp Phillip in haar huis en zette hem bij het vuur om op te warmen. Ze gaf hem een **deken** en wat aspirine tegen de pijn en

Bière

C'était une nuit sombre et **orageuse**. Phillip était au bar avec ses copains, essayant d'oublier son ex-copine. Il avait bu quelques bières de trop et se sentait plutôt bien quand il a quitté le bar. Mais maintenant, marchant vers la maison sous la **pluie**, il ne se sentait pas si bien. Sa tête tournait et il pouvait à peine voir où il allait. Soudain, il glisse sur une plaque de trottoir humide et tombe durement sur le côté. "Aïe !" s'exclame-t-il alors que la douleur lui traverse le corps. Il a essayé de se relever mais il se sentait **étourdi** et instable sur ses pieds. "Il appelle faiblement à l'aide dans l'obscurité, mais il n'y a personne pour l'entendre. Phillip était allongé sur le sol, essayant de reprendre son souffle. Il avait très mal et savait qu'il devait se lever et trouver de l'aide. Mais chaque fois qu'il essayait, il avait des vertiges et des **nausées** et devait se recoucher. Il avait froid et était mouillé par la pluie, mais il n'avait pas l'**énergie pour** bouger.

Soudain, il entend des pas s'approcher et quelqu'un crier son nom. C'était sa voisine, Mme Saunders. "Oh, Dieu merci !" Phillip **s'exclame** faiblement alors qu'elle arrive en vue. "Je suis tombé et je ne peux pas me relever". Mme Saunders a aidé Phillip à entrer dans sa maison et l'a fait asseoir près du feu pour le réchauffer. Elle lui a donné une **couverture** et de l'aspirine pour la

zette een kopje thee voor hem. "Wat deed je buiten in dit weer?" vroeg ze scheldend terwijl ze hem de mok hete **thee overhandigde**. "Ik was aan de bar met mijn vrienden," antwoordde Phillip schaapachtig. "En je hebt gedronken!" zei mevrouw Saunders **afkeurend** toen ze bier in zijn adem rook. "Gewoon een paar biertjes," zei Phillip defensief. "Wel, dat is genoeg voor één nacht," zei mevrouw Saunders streng terwijl ze hem naar boven hielp om naar bed te gaan. Phillip werd de volgende ochtend wakker met een bonzende **hoofdpijn**.

Hij voelde zich alsof hij door een **vrachtwagen was** aangereden. Hij ging langzaam rechtop zitten, probeerde geen plotse bewegingen te maken en keek de kamer rond. Hij was in de logeerkamer van mevrouw Saunders en herinnerde zich plotseling wat er de vorige avond was gebeurd. Hij stapte behoedzaam uit **bed** en liep naar beneden, waar mevrouw Saunders het ontbijt klaarmaakte. "Goedemorgen," zei ze opgewekt terwijl ze hem een kop **koffie** aanreikte. "Goedemorgen," mompelde Phillip slaperig terwijl hij de mok aannam. "Hoe voel je je?" vroeg mevrouw Saunders bezorgd. "Alsof ik door een vrachtwagen ben aangereden," antwoordde Phillip naar waarheid. Nou, je bent nogal gevallen vannacht," zei mevrouw Saunders **begripvol**. "Het spijt me dat ik zoveel problemen veroorzaak,' verontschuldigde Phillip zich schaapachtig.

douleur avant de lui préparer une tasse de thé. "Qu'est-ce que tu faisais dehors par ce temps ?" demande-t-elle d'un ton grinçant en lui tendant la tasse de **thé** chaud. "J'étais au bar avec mes copains", répond Phillip d'un air penaud. "Et tu as bu !" Mme Saunders a dit **d'un ton désapprobateur** en sentant la bière dans son haleine. "Juste quelques bières", dit Phillip sur la défensive. "Eh bien, c'est assez pour une nuit", dit sévèrement Mme Saunders en l'aidant à monter se coucher. Phillip s'est réveillé le lendemain matin avec un **mal de tête** perçant.

Il avait l'impression d'avoir été renversé par un **camion**. Il se redressa lentement, en essayant de ne pas faire de mouvements brusques, et regarda autour de lui. Il se trouvait dans la chambre d'amis de Mme Saunders et s'est soudain souvenu de ce qui s'était passé la nuit précédente. Il **se lève** avec précaution et descend les escaliers, où il trouve Mme Saunders en train de préparer le petit-déjeuner. "Bonjour", dit-elle joyeusement en lui tendant une tasse de **café**. "Bonjour", murmure Phillip en acceptant la tasse. "Comment te sens-tu ?" Mme Saunders demande, inquiète. "Comme si j'avais été renversé par un camion", répond Phillip honnêtement. Eh bien, vous avez fait une sacrée chute hier soir," dit Mme Saunders **avec sympathie**." "Je suis désolé d'avoir causé tant de problèmes", s'excuse Phillip d'un air penaud.

Begrip vragen

1. Wat was Phillip's gemoedstoestand toen hij de bar verliet?

2. Hoe voelde Phillip zich toen hij probeerde op te staan nadat hij gevallen was?

3. Wat deed Phillip toen hij voetstappen hoorde naderen?

4. Waarom schold Mrs Saunders tegen Phillip?

5. Hoe voelde Phillip zich toen hij de volgende ochtend wakker werd?

6. Wat zei Mrs Saunders tegen Phillip toen hij wakker werd?

7. Waarvoor verontschuldigde Phillip zich bij Mrs Saunders?

8. Waarom zei Mrs Saunders tegen Phillip dat hij van het bier moest afblijven?

9. Wat was Phillip's antwoord aan Mrs Saunders?

10. Wat was het laatste advies van Mrs Saunders aan Phillip?

Questions de compréhension

1. Quel était l'état d'esprit de Phillip quand il a quitté le bar ?

2. Que ressentait Phillip lorsqu'il essayait de se relever après être tombé ?

3. Qu'a fait Philippe quand il a entendu des pas s'approcher ?

4. Pourquoi Mme Saunders grondait-elle Phillip ?

5. Comment s'est senti Phillip quand il s'est réveillé le lendemain matin ?

6. Qu'a dit Mme Saunders à Phillip quand il s'est réveillé ?

7. De quoi Phillip s'est-il excusé auprès de Mme Saunders ?

8. Pourquoi Mme Saunders a dit à Phillip de ne pas boire de bière ?

9. Quelle a été la réponse de Phillip à Mme Saunders ?

10. Quel est le dernier conseil de Mme Saunders à Phillip ?

Delfts Blauw

De eerste keer dat ik Delfts blauw zag, was tijdens een reis met mijn gezin naar Nederland. We liepen over een markt in Amsterdam toen ik het zag: een prachtige blauwe vaas met witte bloemen erop geschilderd. Ik smeekte mijn **ouders** om hem voor mij te kopen en uiteindelijk gaven ze toe. Die vaas werd een van mijn dierbaarste bezittingen. Elke keer als ik naar die vaas kijk, word ik teruggevoerd naar die magische dag in Amsterdam. Het is alsof ik naar een **stukje** van de hemel zelf kijk. De diepblauwe kleur is zo vredig en rustgevend, en de tere witte bloemen zijn als kleine stukjes **hemel**. Als het leven stressvol of overweldigend wordt, hoef ik alleen maar naar mijn Delfts blauwe vaas te kijken en te bedenken dat er schoonheid in deze wereld is die het waard is om voor te vechten. Ik was laatst mijn Delfts blauwe vaas aan het afstoffen toen me iets **vreemds** opviel. Er zat een kleine chip op de rand van de **vaas** die ik nog niet eerder had gezien.

Ik voelde een gevoel van verdriet, maar toen realiseerde ik me dat deze kleine onvolkomenheid mijn vaas alleen maar specialer voor me maakte. Het herinnert me eraan dat het leven breekbaar en kostbaar is, en dat we elk **moment** moeten koesteren. Die chip in mijn vaas is een van mijn favoriete dingen geworden.

Bleu Delft

La première fois que j'ai vu du bleu de Delft, c'était lors d'un voyage aux Pays-Bas avec ma famille. Nous nous promenions dans un marché d'Amsterdam lorsque je l'ai repéré : un magnifique vase bleu avec des fleurs blanches peintes dessus. J'ai supplié mes **parents** de me l'acheter, et ils ont fini par céder. Ce vase est devenu l'une de mes possessions les plus précieuses. Chaque fois que je regarde ce vase, je suis transportée vers ce jour magique à Amsterdam. C'est comme si je regardais un **morceau** du ciel lui-même. La couleur bleue profonde est si paisible et apaisante, et les délicates fleurs blanches sont comme des petits morceaux de **paradis**. Lorsque la vie devient stressante ou accablante, il me suffit de regarder mon vase bleu de Delft et de me rappeler qu'il existe dans ce monde une beauté qui vaut la peine d'être défendue. L'autre jour, j'époussetais mon vase bleu de Delft quand j'ai remarqué quelque chose d'**étrange**. Il y avait un petit éclat sur le bord du **vase** que je n'avais jamais vu auparavant.

J'ai ressenti une pointe de tristesse, puis j'ai réalisé que cette petite imperfection ne faisait que rendre mon vase plus spécial pour moi. C'est comme un rappel que la vie est fragile et précieuse, et que nous devons chérir

Telkens als ik ernaar kijk, word ik eraan herinnerd dat ik al het **goede** in mijn leven moet waarderen, zelfs als het moeilijk is. Mijn Delfts blauwe vaas is meer dan alleen een mooie decoratie. Het is een symbool van hoop en schoonheid, en het herinnert me eraan dat het leven de moeite waard is. Voor welke uitdagingen ik ook sta, ik weet dat zolang ik mijn Delftsblauwe vaas heb, alles uiteindelijk goed zal komen. Ik ga verhuizen uit Amsterdam, en ik neem mijn Delftsblauwe vaas met me mee. Het is een moeilijke beslissing geweest, maar ik weet dat het tijd is voor een nieuw **avontuur**. Terwijl ik mijn spullen inpak, kan ik het niet helpen, maar ik voel me een beetje **verdrietig**.

Maar dan herinner ik me dat waar ik ook heen ga, mijn Delftsblauwe vaas altijd bij me zal zijn. En wat de toekomst ook brengt, ik zal altijd die dierbare **herinneringen** aan Amsterdam hebben om me op de been te houden. Mijn Delftsblauwe vaas is me door dik en dun bijgebleven. Hij heeft me door goede en slechte tijden heen geholpen, en hij brengt altijd een glimlach op mijn gezicht. Wat het leven me ook voor de voeten werpt, ik weet dat ik altijd op mijn trouwe Delftsblauwe vaas kan rekenen om alles beter te maken. Ik ga binnenkort **trouwen**, en ik heb besloten om mijn Delftsblauwe vaas te gebruiken als mijn "iets blauws".

chaque **moment**. Cet éclat dans mon vase est devenu l'une des choses que je préfère. Chaque fois que je la regarde, elle me rappelle que je dois apprécier tout ce qu'il y a de **bon** dans ma vie, même lorsque les choses sont difficiles. Mon vase bleu de Delft est plus qu'une jolie décoration. C'est un symbole d'espoir et de beauté, et il me rappelle que la vie vaut la peine d'être vécue. Quels que soient les défis auxquels je suis confrontée, je sais que tant que j'ai mon vase bleu de Delft, tout finira par s'arranger. Je déménage d'Amsterdam et j'emmène mon vase bleu de Delft avec moi. La décision a été difficile à prendre, mais je sais qu'il est temps de vivre une nouvelle **aventure**. En rangeant mes affaires, je ne peux m'empêcher de me sentir un peu **triste**.

Mais je me rappelle alors que, où que j'aille, mon vase bleu de Delft sera toujours avec moi. Et peu importe ce que l'avenir me réserve, j'aurai toujours ces précieux **souvenirs** d'Amsterdam pour me faire avancer. Mon vase bleu de Delft m'a accompagné contre vents et marées. Il m'a accompagnée dans les bons et les mauvais moments, et il m'a toujours fait sourire. Peu importe ce que la vie me réserve, je sais que je peux toujours compter sur mon fidèle vase bleu de Delft pour que tout aille mieux. Je vais bientôt me **marier**, et j'ai décidé d'utiliser mon vase bleu de Delft comme mon petit quelque chose de bleu.

Begrip vragen

1. Wat is het kostbaarste bezit van de hoofdpersoon?

2. Wat vindt de hoofdpersoon van de Delftsblauwe vaas?

3. Wat is het favoriete ding van de hoofdpersoon aan de Delftsblauwe vaas?

4. Wat vindt de hoofdpersoon van de chip in de vaas?

5. Waarvan is de Delftsblauwe vaas een symbool voor de hoofdpersoon?

6. Waarheen verhuist de hoofdpersoon?

7. Wat is het "iets blauws" van de hoofdpersoon voor hun bruiloft?

8. Wat is de favoriete herinnering van de hoofdpersoon aan Amsterdam?

9. Waaraan doet de Delftsblauwe vaas de hoofdpersoon denken?

10. Aan welke reis begint de hoofdpersoon?

Questions de compréhension

1. Quel est le bien le plus précieux du protagoniste ?

2. Que pense le protagoniste du vase bleu de Delft ?

3. Quelle est la chose que le protagoniste préfère dans le vase bleu de Delft ?

4. Que pense le protagoniste de la puce dans le vase ?

5. Quel est le symbole du vase bleu de Delft pour le protagoniste ?

6. Où le protagoniste va-t-il déménager ?

7. Quel est le "quelque chose de bleu" du protagoniste pour son mariage ?

8. Quel est le meilleur souvenir du protagoniste à Amsterdam ?

9. À quoi le vase bleu de Delft fait-il penser pour le protagoniste ?

10. Quel voyage le protagoniste entreprend-il ?

Anne Frank

Het is 1942 en Anne Frank zit met haar familie ondergedoken in een achterhuis. Ze zitten allemaal opeengepakt in een kleine kamer en proberen overdag stil te zijn zodat ze niet ontdekt worden. s Nachts kan Anne vaak niet **slapen** omdat ze denkt aan hoe het leven voor de oorlog was. Ze mist het naar school gaan en het buiten spelen met haar vrienden. Op een nacht, als ze niet kan slapen, staat Anne op en begint in haar dagboek te schrijven. Ze schrijft over haar hoop voor de toekomst en hoe ze ervan droomt om op een dag weer **vrij te** zijn. Terwijl ze schrijft, hoort ze voetstappen buiten de deur van hun schuilplaats. Er komt iemand aan! Annes hart gaat tekeer en snel verstopt ze haar dagboek onder de **vloer**. Ze weet dat als ze gepakt worden, ze allemaal naar de concentratiekampen gestuurd zullen worden. De deur gaat open en een nazi-soldaat komt de kamer binnen. Hij kijkt **argwanend** om zich heen, maar zegt niets.

Anne houdt haar adem in, biddend dat hij hen niet zal vinden. Na enkele ogenblikken vertrekt de soldaat, en Anne slaakt een zucht van verlichting. Ze weet dat ze vanaf nu voorzichtiger moeten zijn; één verkeerde beweging kan hun **dood** betekenen. Anne blijft in haar **dagboek** schrijven, ook al weet ze dat het gevaarlijk

Anne Frank

Nous sommes en 1942, et Anne Frank **se** cache dans une annexe secrète avec sa famille. Ils sont tous entassés dans une petite pièce, essayant de rester silencieux pendant la journée pour ne pas être découverts. La nuit, Anne n'arrive pas à **dormir** car elle pense à la vie d'avant la guerre. Elle regrette d'aller à l'école et de pouvoir jouer dehors avec ses amis. Une nuit, alors qu'elle n'arrive pas à dormir, Anne se lève et commence à écrire dans son journal. Elle y parle de ses espoirs pour l'avenir et de son rêve d'être à nouveau **libre** un jour. Alors qu'elle écrit, elle entend des bruits de pas derrière la porte de leur cachette. Quelqu'un arrive ! Le cœur d'Anne s'emballe et elle cache rapidement son journal sous le **plancher**. Elle sait que s'ils sont pris, ils seront tous envoyés dans des camps de concentration. La porte s'ouvre et un soldat nazi entre dans la pièce. Il regarde autour de lui **avec méfiance**, mais ne dit rien.

Anne retient son souffle, priant pour qu'il ne les trouve pas. Après quelques instants, le soldat s'en va, et Anne pousse un soupir de soulagement. Elle sait qu'ils doivent être plus prudents à partir de maintenant ; un seul faux pas pourrait signifier leur **mort**. Anne continue à écrire dans son **journal,** même si elle sait que c'est

is. Ze heeft het gevoel dat ze haar gedachten op papier moet zetten, anders wordt ze **gek**. Ze schrijft over de andere mensen die zich samen met haar in het achterhuis verborgen houden en hoe zij omgaan met de stress van de ontdekking. Op een dag komt Annes grootste angst uit: een **nazi-soldaat** komt de kamer binnen terwijl zij in haar dagboek zit te schrijven. Hij eist te weten wie het geschreven heeft en waar ze **ondergedoken** zijn. Annes hart slaat over als ze een leugen probeert te bedenken, maar voordat ze **iets** kan zeggen, grijpt de soldaat haar bij de arm en sleurt haar de kamer uit.

Anne wordt naar een **concentratiekamp** gebracht waar ze elke dag lange uren moet werken. Ze ziet overal om zich heen verschrikkelijke dingen gebeuren en vraagt zich af of iemand er ooit achter zal komen wat hier gebeurd is. Op een dag wordt Anne op een **transporttrein** gezet op weg naar Auschwitz. Ze weet dat dit het einde voor haar is en begint in haar hoofd afscheid van iedereen te nemen. Als de trein het **station verlaat**, kijkt Anne naar alle mensen die staan te kijken, sommigen huilend, anderen zwaaiend, en vraagt zich af of iemand van hen zich haar naam nog zal herinneren als ze weg is. Anne Frank is een van de **beroemdste** mensen uit de geschiedenis omdat haar dagboek werd gevonden nadat ze in Auschwitz was gestorven.

dangereux. Elle sent qu'elle a besoin de coucher ses pensées sur le papier, sinon elle va devenir **folle**. Elle écrit sur les autres personnes qui se cachent dans l'annexe avec elle et sur la façon dont elles font face au stress d'être découvertes. Un jour, les pires craintes d'Anne se réalisent : un **soldat** nazi entre dans la pièce pendant qu'elle écrit dans son journal. Il exige de savoir qui l'a écrit et où ils se **cachent**. Le cœur d'Anne s'emballe alors qu'elle essaie de trouver un mensonge, mais avant qu'elle **ne** puisse dire **quoi que ce soit**, le soldat l'attrape par le bras et la traîne hors de la pièce.

Anne est emmenée dans un **camp de** concentration où elle est obligée de travailler de longues heures chaque jour. Elle voit des choses terribles se produire tout autour d'elle et se demande si quelqu'un découvrira un jour ce qui s'est passé ici. Un jour, Anne est mise dans un **train de** transport en direction d'Auschwitz. Elle sait que c'est la fin pour elle et commence à dire au revoir à tout le monde dans sa tête. Alors que le train s'éloigne de la **gare**, Anne regarde tous les gens qui sont là à regarder - certains pleurent, d'autres font des signes - et se demande si l'un d'entre eux se souviendra de son nom une fois qu'elle sera partie. Anne Frank est l'une des personnes les plus **célèbres** de l'histoire parce que son journal a été retrouvé après sa mort à Auschwitz.

Begrip vragen

1. Hoe zag het leven van Anne Frank eruit voor de oorlog?

2. Hoe vindt Anne het om opgesloten te zitten in het achterhuis?

3. Waarom schrijft Anne in haar dagboek?

4. Wat gebeurt er als een nazi-soldaat Anne betrapt op het schrijven in haar dagboek?

5. Hoe is het leven van Anne in het concentratiekamp?

6. Waar wordt Anne heen gebracht als ze op de transporttrein wordt gezet?

7. Waarom is Anne Frank een van de beroemdste mensen uit de geschiedenis?

8. Waar leeft Annes nalatenschap nog van voort?

9. Wat vond Anne van de mensen die op het station stonden toen ze naar Auschwitz vertrok?

10. Wat denk je dat Anne zou willen dat de mensen zich zouden herinneren van haar verhaal?

Questions de compréhension

1. Comment était la vie d'Anne Frank avant la guerre ?

2. Que pense Anne du fait d'être enfermée dans l'annexe secrète ?

3. Pourquoi Anne écrit-elle dans son journal ?

4. Que se passe-t-il lorsqu'un soldat nazi surprend Anne en train d'écrire dans son journal ?

5. A quoi ressemble la vie d'Anne dans le camp de concentration ?

6. Où Anne est-elle emmenée lorsqu'elle est mise dans le train de transport ?

7. Pourquoi Anne Frank est-elle l'une des personnes les plus célèbres de l'histoire ?

8. En quoi l'héritage d'Anne continue-t-il de vivre ?

9. Que ressentait Anne à l'égard des personnes présentes à la gare lors de son départ pour Auschwitz ?

10. A votre avis, qu'est-ce qu'Anne voudrait que les gens retiennent de son histoire ?

Rotterdam

De zon ging onder boven de stad Rotterdam en wierp een **prachtige** oranje gloed over de skyline. De stad was vol met mensen die bezig waren met hun avondactiviteiten. In de verte hoorde je het geluid van scheepshoorns die de rivier afvoeren. U liep door een van de vele **parken** in Rotterdam, genietend van de **rust** en stilte na een lange dag werken. Terwijl u liep, zag u iemand op een bankje zitten, starend naar de zonsondergang. Ze leken diep in gedachten verzonken en verloren in hun eigen wereld. Je voelde je tot hem aangetrokken, dus ging je naast hem op het **bankje zitten**.

Een tijd lang zeiden jullie geen van beiden iets; jullie genoten van elkaars **gezelschap** en keken toe hoe de nacht over Rotterdam begon te vallen. Uiteindelijk verbrak de vreemdeling de stilte door te vragen of u wist hoe laat het was. Je vertelde hem dat het bijna 21.00 uur was; ze bedankten je voordat ze opstonden van het bankje en **weggingen** zonder nog een woord tussen jullie te hebben gesproken. Je zag die **vreemdeling** nooit meer terug, maar hun woorden bleven je bij, lang nadat ze weg waren. Ze vroegen of je wist hoe laat het was, en je zei dat het bijna 21.00 uur was. Maar wat ze daarna zeiden is je altijd bijgebleven. "Tijd is een

Rotterdam

Le soleil se couchait sur la ville de Rotterdam, projetant une **belle** lueur orange sur la ligne d'horizon. La ville était animée par les gens qui vaquaient à leurs occupations du soir. Au loin, vous pouviez entendre le son des sirènes des bateaux qui descendaient le fleuve. Vous vous promenez dans l'un des nombreux **parcs** de Rotterdam, profitant de la **paix** et du calme après une longue journée de travail. En marchant, vous avez remarqué quelqu'un assis sur un banc, regardant le coucher de soleil. Elle avait l'air de réfléchir profondément et semblait perdue dans son propre monde. Vous ne pouviez pas vous empêcher d'être attiré par elle et vous vous êtes assis à côté d'elle sur le **banc**.

Pendant un moment, aucun de vous n'a dit quoi que ce soit ; vous avez simplement apprécié la **compagnie de l'autre** et regardé la nuit commencer à tomber sur Rotterdam. Finalement, l'étranger a rompu le silence en vous demandant si vous saviez quelle heure il était. Vous lui avez répondu qu'il était presque 21 heures ; il vous a remercié avant de se lever du banc et de **partir** sans un mot de plus entre vous. Vous n'avez jamais revu cet **inconnu**, mais ses mots sont restés en vous longtemps après son départ. Ils vous ont demandé

grappig iets," zeiden ze met een droevige glimlach. Het kan zo langzaam gaan als je op iets of iemand speciaal wacht. Maar het kan ook voorbij vliegen in een **oogwenk**. "Je dacht vaak na over die woorden en vroeg je af wie die vreemdeling was en wat hun verhaal zou kunnen zijn. Wachten ze op iemand? Of waren ze ergens voor op de vlucht? Hoe dan ook, hun woorden zijn je bijgebleven en hebben je aan het denken gezet over je eigen leven en hoe de tijd voorbij lijkt te glijden zonder dat we het ons zelfs maar realiseren.

Het is een jaar geleden sinds die noodlottige **ontmoeting** in het park, hoewel het soms aanvoelt alsof het veel langer geleden is dan dat. Het leven gaat zijn **gewone** gangetje, maar er zijn dagen dat je je afvraagt wat er van die vreemdeling geworden is. Hebben ze gevonden wat of wie ze zochten? Zijn ze nu gelukkig? Je zult het misschien nooit weten, maar die korte momenten tussen twee vreemden zullen je **voor altijd** bijblijven.

si vous saviez quelle heure il était, et vous leur avez répondu qu'il était presque 21 heures. "Le temps est une drôle de chose", ont-ils dit avec un sourire triste. Il peut s'écouler si lentement quand on attend quelque chose ou quelqu'un de spécial. Mais il peut aussi passer en un **clin d'oeil**. "Vous avez souvent pensé à ces mots, vous demandant qui était cet étranger et quelle pouvait être son histoire. Attendaient-ils quelqu'un ? Ou **fuyait-il** quelque chose ? Quoi qu'il en soit, ces mots vous ont marqué et vous ont fait réfléchir à votre propre vie et à la façon dont le temps semble s'écouler sans que nous nous en rendions compte.

Un an s'est écoulé depuis cette **rencontre** fatidique dans le parc, même si parfois on a l'impression que ça fait bien plus longtemps que ça. La vie a continué comme **si de rien n'était**, mais il y a des jours où l'on ne peut s'empêcher de s'interroger sur cet étranger et sur ce qu'il est devenu. A-t-il trouvé ce qu'il cherchait ou qui il cherchait ? Est-il **heureux** maintenant ? Vous ne le saurez peut-être jamais, mais ces brefs moments partagés entre deux inconnus resteront à **jamais gravés** dans votre mémoire.

Begrip vragen

1. Hoe ziet de stad Rotterdam eruit bij zonsondergang?

2. Hoe voelt de hoofdpersoon zich bij het zien van de vreemdeling?

3. Wat vraagt de vreemdeling aan de hoofdpersoon?

4. Wat zegt de vreemdeling over tijd?

5. Hoe voelt de hoofdpersoon zich nadat de vreemdeling vertrokken is?

6. Wat vraagt de hoofdpersoon zich af over de vreemdeling?

7. Hoe denkt de hoofdpersoon over zijn eigen leven?

8. Waar vindt de ontmoeting plaats?

9. Welk seizoen is het?

10. Wat is het beroep van de hoofdpersoon?

Questions de compréhension

1. À quoi ressemble la ville de Rotterdam au coucher du soleil ?

2. Que ressent le protagoniste en voyant l'étranger ?

3. Que demande l'étranger au protagoniste ?

4. Que dit l'étranger à propos du temps ?

5. Que ressent le protagoniste après le départ de l'étranger ?

6. Que se demande le protagoniste à propos de l'étranger ?

7. Que pense le protagoniste de sa propre vie ?

8. Où se déroule la rencontre ?

9. Quelle est la saison ?

10. Quelle est la profession du protagoniste ?

Op het strand

Na zonsopgang zijn de golven luider en het zand boven de vloed is wit. Ik loop naar het strand en **bewonder** de zee en de zon. Mijn tenen voelen de groeven van schelpen. Het zand is koud aan mijn tenen. Ik glimlach en loop door. Het is vloed, dus ik moet oppassen dat ik er niet in word getrokken. Ik loop langs de waterkant en bewonder de zee. De zonsopgang is **prachtig**, en de golven beuken. Ik voel me zo vredig. Ik kom op een plek waar een rots uitsteekt. Ik ga zitten en kijk naar de golven. Het water is zo blauw en de lucht is zo **oranje**. Ik voel me alsof ik in een droom ben. Ik sluit mijn ogen en luister alleen maar naar de golven. Ik zat daar een hele tijd, tot ik iemand mijn naam hoorde roepen.

Ik open mijn ogen en zie mijn moeder naar me toe lopen. Ze heeft een bezorgde blik op haar gezicht. Ik glimlach en zwaai, en ze **ontspant zich**. "Ik vroeg me al af waar je was," zegt ze. "Ik ben blij dat je van het strand geniet." Ik antwoord: "Dat doe ik." "Het is hier zo mooi." "Ik weet het," zegt ze. "Ik kwam hier altijd toen ik zo oud was als jij." "Echt waar?" Vraag ik. "Ja," antwoordt ze. "Het is een speciale plek." "Heb je hier ooit iemand speciaal ontmoet?" Vraag ik. "Ik wel," antwoordt ze met een glimlach. "Je vader." "Echt waar?" Zeg ik, **verbaasd**. "Ja," zegt ze. "We kwamen hier altijd

A la plage

Après le lever du soleil, les vagues sont plus fortes et le sable au-dessus de la marée est blanc. Je marche jusqu'à la plage, **admirant** la mer et le soleil. Mes orteils sentent les rainures des coquillages. Le sable est froid sur mes orteils. Je souris et je continue. La marée est haute, alors je dois faire attention à ne pas me laisser entraîner. Je marche le long du bord de l'eau, en admirant la mer. Le lever du soleil est **magnifique**, et les vagues s'écrasent. Je me sens si paisible. J'arrive à un endroit où il y a un affleurement rocheux. Je m'assieds et je regarde les vagues. L'eau est si bleue et le ciel est si **orange**. J'ai l'impression d'être dans un rêve. Je ferme les yeux et je me contente d'écouter les vagues. Je suis restée assise pendant un long moment, jusqu'à ce que j'entende quelqu'un m'appeler.

J'ouvre les yeux et je vois ma mère marcher vers moi. Elle a un air inquiet sur le visage. Je souris et je lui fais signe, et elle **se détend**. "Je me demandais où tu étais allée", dit-elle. "Je suis contente que tu profites de la plage." Je réponds : "J'en profite." "C'est tellement beau ici." "Je sais", dit-elle. "Je venais ici tout le temps quand j'avais ton âge." "Vraiment ?" Je demande. "Ouais", répond-elle. "C'est un endroit spécial." "As-tu déjà rencontré quelqu'un de spécial ici ?" Je demande. "Oui",

samen. Het is waar we verliefd werden. " Ik glimlach en **stel me voor hoe** mijn ouders verliefd werden op dit prachtige strand. "Het is een speciale plek," herhaalt ze. "Ik ben blij dat je hier vandaag bent."

We zitten daar nog een tijdje, **kijken naar** de golven en de zonsondergang. Dan staan we op en lopen terug naar onze strandhanddoeken. Ik ga liggen en kijk naar de sterren. Ik voel me zo gelukkig en tevreden. De golven zijn nu luider, en het zand is koud. De zon gaat onder en er waait een koel briesje. De golven beuken tegen de kust, en de geur van zout hangt in de lucht. Het is een perfecte avond om op het strand te zijn. Ik loop langs het strand, **luister** naar het geluid van de golven en kijk naar de zonsondergang. Ik zie een groep mensen op het zand zitten, lachend en grapjes makend. Ze zien eruit alsof ze het naar hun zin hebben. Ik loop naar ze toe en vraag of ik erbij mag komen zitten. Ze zeggen ja, en we brengen de rest van de avond door met praten, lachen en kijken naar de **zonsondergang**. Het is een perfecte avond. De groep en ik praten tot de zon ondergaat. We delen verhalen en grappen, en we hebben allemaal een geweldige tijd. Als de avond begint te vallen, beginnen we allemaal moe te worden. We kussen elkaar **vaarwel** en gaan uit elkaar.

répond-elle avec un sourire. "Ton père." "Vraiment ?"
Je dis, **surpris**. "Oui," dit-elle. "Nous avions l'habitude
de venir ici tout le temps ensemble. C'est là que nous
sommes tombés amoureux. " Je souris, **imaginant**
mes parents tombant amoureux sur cette magnifique
plage. " C'est un endroit spécial ", répète-t-elle. "Je suis
contente que tu sois venu ici aujourd'hui."

Nous restons assis là un moment de plus, à **regarder**
les vagues et le coucher de soleil. Puis nous nous
levons et retournons à nos serviettes de plage.
Je m'allonge et regarde les étoiles. Je me sens si
heureuse et satisfaite. Les vagues sont plus fortes
maintenant, et le sable est froid. Le soleil se couche et
une brise fraîche souffle. Les vagues s'écrasent sur le
rivage et l'odeur du sel flotte dans l'air. C'est une soirée
parfaite pour être à la plage. Je me promène le long du
rivage, en **écoutant le** bruit des vagues et en regardant
le coucher du soleil. Je vois un groupe de personnes
assises sur le sable, qui rient et plaisantent. Ils ont
l'air de passer un bon moment. Je m'approche d'eux
et leur demande si je peux les rejoindre. Ils acceptent
et nous passons le reste de la soirée à parler, à rire
et à regarder le **coucher de soleil**. C'est une soirée
parfaite. Le groupe et moi parlons jusqu'au coucher du
soleil. Nous partageons des histoires et des blagues,
et nous passons tous un bon moment. À la tombée de
la nuit, nous commençons tous à nous sentir fatigués.
Nous nous embrassons et nous nous séparons.

Begrip vragen

1. Waar gaat de vertelster heen nadat ze wakker is geworden?

2. Wat bewondert de vertelster als ze langs het strand loopt?

3. Waar moet de vertelster op letten als ze langs het strand loopt?

4. Waar gaat de verteller zitten om van het uitzicht te genieten?

5. Hoe lang blijft de verteller daar zitten?

6. Wie ziet de verteller als ze haar ogen weer opent?

7. Wat zegt de moeder van de verteller?

8. Waar praten de verteller en de mensen die ze ontmoet over?

Questions de compréhension

1. Où va la narratrice après son réveil ?

2. Qu'est-ce que la narratrice admire en marchant le long de la plage ?

3. De quoi la narratrice doit-elle se méfier lorsqu'elle marche le long de la plage ?

4. Où le narrateur s'assoit-il pour profiter de la vue ?

5. Combien de temps le narrateur reste-t-il assis là ?

6. Qui la narratrice voit-elle lorsqu'elle ouvre à nouveau les yeux ?

7. Que dit la mère du narrateur ?

8. De quoi parlent la narratrice et les personnes qu'elle rencontre ?

Kamperen aan het meer

Ik loop naar het meer en **bewonder** de vredigheid van het tafereel. De zon schijnt op het meertje, waardoor het water eruit ziet als glas. De enige beweging is af en toe een rimpeling van een vis **die** het wateroppervlak breekt. Zelfs de vogels lijken een pauze te nemen van de hitte, met alleen het geluid van cicaden die de lucht vullen. **Plotseling** wordt de rust verbroken door een luide plons. Een grote **vis** is uit het water gesprongen, in een poging een libel te vangen. De vis mist zijn doel en valt met een plons terug in het water. "Wow," denk ik bij mezelf, "dat was een grote vis!." Ik keek om me heen om te zien of iemand anders hem had gezien, maar er was niemand in de buurt. Ik denk dat ik het ze zal moeten vertellen als ik terug ben in het kamp.

De hitte is **drukkend**, waardoor het moeilijk is om te ademen. De lucht is dik en zwaar, als een deken om je heen gewikkeld. De enige verlichting is in het water. Het is koel en verfrissend, als een koud drankje op een warme dag. Ik haal diep adem en duik in het water. De opluchting is onmiddellijk als het koele water me omringt. Ik zwem naar de bodem en dan weer naar de oppervlakte, terwijl ik voel hoe het water mijn lichaam afkoelt. Ik blijf baantjes trekken en geniet van de

Camping au lac

Je me dirige vers le lac, **admirant** la tranquillité de la scène. Le soleil tape sur le petit lac, faisant ressembler l'eau à une feuille de verre. Le seul mouvement est l'ondulation occasionnelle d'un poisson **brisant la** surface. Même les oiseaux semblent prendre une pause de la chaleur, avec seulement le son des cigales remplissant l'air. **Soudain**, la paix est rompue par un grand plouf. Un gros **poisson** a sauté hors de l'eau, essayant d'attraper une libellule. Le poisson rate sa cible et retombe dans l'eau avec un plouf. "Wow," je me dis, "c'était un gros poisson !". J'ai regardé autour de moi pour voir si quelqu'un d'autre l'avait vu, mais il n'y avait personne. Je suppose que je devrai leur dire quand je rentrerai au camp.

La chaleur est **oppressante**, il est difficile de respirer. L'air est épais et lourd, comme une couverture qui vous enveloppe. Le seul soulagement est dans l'eau. Elle est fraîche et rafraîchissante, comme une boisson fraîche par une journée chaude. Je prends une profonde inspiration et je plonge dans l'eau. Le soulagement est immédiat car l'eau fraîche m'entoure. Je nage jusqu'au fond, puis remonte à la surface, sentant l'eau refroidir mon corps. Je continue à **faire** des longueurs,

afkoeling van de hitte. Na een tijdje kom ik uit het water en ga op het gras liggen, zodat de zon mijn lichaam kan drogen. Ik sluit mijn ogen en val in slaap, het geluid van de **cicaden** brengt me in een diepe slaap. Ik laat de zon het water uit mijn huid bakken. Ik voel dat mijn huid rood wordt, maar dat kan me niet schelen. Ik heb het te warm om me zorgen te maken. Het volgende dat ik weet, is dat de zon ondergaat. De lucht is prachtig oranje, met roze en paarse strepen. De hitte is weg, vervangen door een koel **briesje**.

Ik sta op en trek mijn kleren weer aan. Ik voel me verfrist en verjongd. Ik haal diep **adem** uit de koele lucht en glimlach. Het voelt goed om te leven. Ik loop terug naar de camping en bewonder de manier waarop de kleuren in de lucht dansen. In de verte zie ik het kampvuur branden, en ik ruik de rook in de lucht. Ik glimlach en **versnel** mijn pas. Ik ben klaar om te ontspannen en te genieten van de rest van mijn avond. Ik loop de camping op en zie dat iedereen rond het vuur zit. Ze **lachen** en maken grapjes, en ik kan het vuur in hun ogen zien weerkaatsen. Ik glimlach en ga naast mijn vrienden zitten. Het is goed om terug te zijn. De volgende ochtend sta ik vroeg op en begin mijn spullen in te pakken. Ik sta te popelen om weer op pad te gaan en mijn reis voort te zetten. Ik neem afscheid van mijn vrienden en begin weg te lopen. Terwijl ik loop, werp ik nog een laatste blik op de **camping**.

appréciant le répit de la chaleur. Après un moment,
je sors de l'eau et je m'allonge sur l'herbe, laissant le
soleil sécher mon corps. Je ferme les yeux et m'endors,
le son des **cigales** me berce dans un profond sommeil.
Je laisse le soleil faire sortir l'eau de ma peau. Je sens
que ma peau devient rouge, mais je m'en moque. J'ai
trop chaud pour m'en soucier. La prochaine chose que
je sais, c'est que le soleil se couche. Le ciel est d'un bel
orange, avec des traces de rose et de violet. La chaleur
a disparu, remplacée par une **brise** fraîche.

Je me lève et me rhabille, me sentant rafraîchie et
rajeunie. Je **respire** profondément l'air frais et je souris.
C'est bon d'être en vie. Je retourne au camping, en
admirant la façon dont les couleurs dansent dans le
ciel. Je peux voir le feu de camp qui brûle au loin et je
peux sentir la fumée dans l'air. Je souris et j'**accélère le**
pas. Je suis prête à me détendre et à profiter du reste
de ma soirée. J'entre dans le camping et je vois que
tout le monde est rassemblé autour du feu. Ils **rient** et
plaisantent, et je peux voir le feu se refléter dans leurs
yeux. Je souris et m'assieds à côté de mes amis. C'est
bon d'être de retour. Le lendemain matin, je me réveille
tôt et je commence à préparer mes affaires. J'ai hâte de
retourner sur le sentier et de poursuivre mon voyage.
Je dis au revoir à mes amis et commence à m'éloigner.
En marchant, je jette un dernier regard sur le **camping**.

Begrip vragen

1. Waar gaat de wandelaar heen?

2. Wat voor weer is het?

3. Hoe ziet het water eruit?

4. Hoe reageert de wandelaar op de hitte?

5. Wat doet de vis?

6. Waarom is de wandelaar alleen?

7. Hoe voelt het water aan?

8. Hoe voelt de wandelaar zich na het zwemmen?

9. Hoe laat is het als de wandelaar wakker wordt?

10. Waar gaat de wandelaar heen als hij het kamp verlaat?

Questions de compréhension

1. Où va le marcheur ?

2. Quel temps fait-il ?

3. À quoi ressemble l'eau ?

4. Comment le marcheur réagit-il à la chaleur ?

5. Que fait le poisson ?

6. Pourquoi le marcheur est-il seul ?

7. Quelle est la sensation de l'eau ?

8. Comment le marcheur se sent-il après avoir nagé ?

9. A quelle heure de la journée le déambulateur se réveille-t-il ?

10. Où va le marcheur quand il quitte le camp ?

Het Huis

Ik ben vorige week in mijn nieuwe huis getrokken, en ik ben zo **opgewonden**! Het is zoveel groter dan mijn oude, en het heeft een grote achtertuin. Ik kan niet wachten om vrienden uit te nodigen voor BBQ's en feestjes. Mijn **favoriete** deel is mijn nieuwe slaapkamer. Hij is zo groot en licht, en ik heb veel ruimte om al mijn spullen op te bergen. Ik ben echt blij met mijn nieuwe huis en ik denk dat ik hier heel gelukkig zal zijn. Ik besloot om het huis nog wat verder te verkennen. Ik ging naar boven naar de tweede verdieping en ging op weg naar de keuken toen ik een grote zwarte spin op de muur zag! Ik gilde en rende naar beneden. Ik was zo **bang**! Maar na een paar minuten was ik gekalmeerd en besloot ik terug naar boven te gaan. Ik ging langzaam naar de keuken en zag dat de spin weg was. Ik was zo opgelucht! Ik ging terug naar beneden en besloot naar buiten te gaan om de **achtertuin te verkennen**. Hij was zo groot! Ik kon het niet geloven. Ik zag een schommel in de hoek en een glijbaan. Ik zag ook een basketbalnet en een **trampoline**. Ik was zo opgewonden!

Ik kan niet wachten om al deze nieuwe spullen te gebruiken. De **buren** kwamen langs en stelden zich voor. Ze leken erg aardig, en we hebben een tijdje gepraat. Ze nodigden me uit voor hun BBQ volgend weekend, en ik zei dat ik graag zou komen. Ik had een

La Maison

J'ai emménagé dans ma nouvelle maison la semaine dernière, et je suis si **excitée** ! Elle est tellement plus grande que l'ancienne, et elle a un grand jardin. J'ai hâte d'inviter des amis pour des barbecues et des fêtes. Ce que je **préfère,** c'est ma nouvelle chambre. Elle est si grande et lumineuse, et j'ai beaucoup d'espace pour mettre toutes mes affaires. Je suis très contente de ma nouvelle maison et je pense que je serai très heureuse ici. J'ai décidé d'explorer un peu plus la maison. Je suis monté au deuxième étage et j'ai commencé à me diriger vers la cuisine quand j'ai vu une grosse araignée noire sur le mur ! J'ai crié et j'ai couru en bas. J'avais tellement **peur** ! Mais après quelques minutes, je me suis calmée et j'ai décidé de retourner à l'étage. J'ai lentement fait mon chemin vers la cuisine et j'ai vu que l'araignée était partie. J'étais tellement soulagée ! Je suis redescendu et j'ai décidé de sortir pour explorer le **jardin**. Elle était si grosse ! Je n'arrivais pas à y croire. J'ai vu une balançoire dans le coin et un toboggan. J'ai aussi vu un filet de basket et un **trampoline**. J'étais tellement excitée!

J'ai hâte d'utiliser tous ces nouveaux trucs. Les **voisins** sont venus et se sont présentés. Ils avaient l'air très gentils, et nous avons parlé un moment. Ils m'ont invité à leur barbecue le week-end prochain, et j'ai dit que j'aimerais beaucoup venir. J'ai passé une excellente

geweldige eerste week in mijn nieuwe huis, en ik ben opgewonden over alle nieuwe avonturen die in het verschiet liggen. Vandaag ga ik weer op verkenning in de achtertuin en kijken wat ik nog meer kan vinden. Wie weet, misschien vind ik wel een **schat**. Ik kan niet wachten om te zien wat de volgende week brengt! De volgende week ging ik weer op verkenning in de achtertuin, en ik vond een **geheime** tuin. Het was zo mooi! Er waren overal bloemen en een kleine vijver met vissen erin. Ik zag ook een schommel die ik nog niet eerder had gezien. Ik was zo opgewonden toen ik deze geheime tuin vond, en ik kan niet wachten om hem verder te verkennen. Het was zo **mooi**!

Er waren overal bloemen en een kleine vijver met vissen erin. Ik zag ook een **schommel** die ik nog niet eerder had gezien. Ik was zo opgewonden toen ik deze geheime tuin vond, en ik kan niet wachten om hem verder te verkennen. Ik vond mijn nieuwe kamer ook geweldig. Hij was zo groot en licht, en er hingen al posters van mijn favoriete bands aan de muur. Ik hoefde niet eens mijn eigen **meubels** mee te nemen, want er stonden al een bed, een dressoir en een bureau. Dit wordt het beste jaar ooit! Ik was een beetje nerveus om op een nieuwe **school** te beginnen, maar al mijn nieuwe buren zijn zo vriendelijk. Ik heb zelfs een meisje ontmoet dat naast me woont, en ze zegt dat ze op mijn eerste dag met me naar school zal lopen.

première semaine dans ma nouvelle maison et j'ai hâte de vivre toutes les nouvelles aventures qui m'attendent. Aujourd'hui, je vais encore aller explorer le jardin et voir ce que je peux trouver d'autre. Qui sait, peut-être vais-je même trouver un **trésor**. J'ai hâte de voir ce que la semaine prochaine nous réserve ! La semaine suivante, je suis retourné explorer le jardin et j'ai trouvé un jardin **secret**. C'était tellement beau ! Il y avait des fleurs partout et un petit étang avec des poissons dedans. J'ai aussi vu une balançoire que je n'avais jamais vue auparavant. J'étais si excitée de trouver ce jardin secret, et j'ai hâte de l'explorer davantage. C'était tellement **beau** !

Il y avait des fleurs partout et un petit étang avec des poissons dedans. J'ai aussi vu une **balançoire** que je n'avais jamais vue auparavant. J'étais si excitée de trouver ce jardin secret, et j'ai hâte de l'explorer davantage. J'ai aussi adoré ma nouvelle chambre. Elle était si grande et lumineuse, et il y avait déjà des posters de mes groupes préférés sur les murs. Je n'ai même pas eu besoin d'apporter mes propres **meubles** car il y avait déjà un lit, une commode et un bureau. Ça va être la meilleure année de ma vie ! J'étais un peu nerveux à l'idée de commencer dans une nouvelle **école**, mais tous mes nouveaux voisins ont été si gentils. J'ai même rencontré une fille qui habite à côté et elle m'a dit qu'elle m'accompagnerait à l'école le premier jour.

Begrip vragen

1. Waar woont de persoon?

2. Hoe vindt de persoon het in het nieuwe huis?

3. Wat is het favoriete deel van het nieuwe huis van de persoon?

4. Wat heeft de persoon in de tuin gevonden?

5. Wie zijn de buren?

6. Hoe voelde de persoon zich de eerste dagen in het nieuwe huis?

7. Wat is het favoriete deel van de nieuwe kamer van de persoon?

8. Wat is de persoon van plan morgen te doen?

9. Wat was het beste deel van de eerste week van de persoon in het nieuwe huis?

10. Wat is er allemaal in de nieuwe kamer van de persoon?

Questions de compréhension

1. Où vit la personne ?

2. Comment la personne se sent-elle dans sa nouvelle maison ?

3. Quelle est la partie de la nouvelle maison que la personne préfère ?

4. Qu'est-ce que la personne a trouvé dans le jardin ?

5. Qui sont les voisins ?

6. Comment se sont passés les premiers jours de la personne dans sa nouvelle maison ?

7. Quelle est la partie de la nouvelle pièce que la personne préfère ?

8. Qu'est-ce que la personne prévoit de faire demain ?

9. Quelle a été la meilleure partie de la première semaine de la personne dans sa nouvelle maison ?

10. Qu'y a-t-il dans la nouvelle chambre de la personne ?

In de trein

Ik rende naar het treinstation, maar ik was te laat. De trein was al vertrokken zonder mij. Ik voelde me zo **boos** en **teleurgesteld** in mezelf. Ik was van plan om met de trein naar mijn grootouders te gaan die op het platteland wonen, maar nu moest ik een heel uur wachten op de volgende trein. Ik besloot in plaats daarvan een eindje door de stad te lopen en probeerde mijn gemiste kans te vergeten. Terwijl ik liep, begon ik **te dagdromen** over alle plaatsen die **treinen** je kunnen brengen. Plotseling was ik niet meer zo van streek. Ik liep terug naar het station en zag de grote rood-wit-blauwe locomotief die op me af kwam rijden. Pas als ik de **conducteur** vanuit het raam naar me zie zwaaien, realiseer ik me dat deze trein voor mij is. Ik stap in de trein en zoek een zitplaats. Ik ga zitten voor wat een lange reis belooft te worden.

Terwijl we het station uitrijden, vraag ik me af waar deze trein me heen zal brengen. Door groene **velden** en over blauwe rivieren, langs bergen en valleien, het is niet te zeggen waar deze oude trein heen zal gaan. Als de nacht begint te vallen, val ik in een **vredige** slaap, gewiegd door het **ritmische** rijden van de wagons op de sporen beneden. Als het weer ochtend wordt, open ik mijn ogen en zie dat we in een klein stadje ergens in niemandsland zijn aangekomen. De zon komt net

Dans le train

J'ai couru jusqu'à la gare, mais c'était trop tard. Le train était déjà parti sans moi. Je me suis sentie tellement **en colère** et **déçue** de moi-même. J'avais prévu de prendre le train pour rendre visite à mes grands-parents qui vivent à la campagne, mais maintenant je devais attendre le prochain train pendant une heure entière. J'ai décidé de me promener un peu dans la ville à la place et j'ai essayé d'oublier cette occasion manquée. En marchant, j'ai commencé à **rêver à** tous les endroits où le **train** peut vous emmener. Soudain, je n'étais plus aussi contrariée. Je suis retourné dans la gare et je n'ai pu m'empêcher de remarquer la grande locomotive rouge, blanche et bleue qui se dirigeait vers moi. Ce n'est que lorsque je vois le **conducteur** me faire signe par la fenêtre que je réalise que ce train est pour moi. Je monte dans le train et trouve mon siège, m'installant pour ce qui promet d'être un long voyage.

Alors que nous sortons de la gare, je ne peux m'empêcher de me demander où ce train va m'emmener. À travers des **champs** verts et des rivières bleues, en passant par des montagnes et des vallées, on ne sait pas où ce vieux train va aller. À la tombée de la nuit, je m'endors **paisiblement**, bercé par le mouvement **rythmique** des wagons sur les rails en contrebas. Quand le matin revient, j'ouvre les yeux

boven de horizon als de plaatselijke bevolking zich in de hoofdstraat begint te mengen; het ziet er hier uit als elke andere dag, behalve één ding - er hangt een groot bord bij het stadhuis met de tekst "Welkom aan boord!" Het lijkt erop dat dit kleine stadje ons verwacht, ook al zijn we maar een gewone passagierstrein op doorreis naar elders. Terwijl we de stad weer achter ons laten, op weg naar wie weet waar, glimlach ik om al die vriendelijke gezichten die ons uitzwaaien vanuit die kleine huisjes tussen **het boerenland -** het is echt verbazingwekkend hoe iets dat zo gewoon lijkt, zoveel vreugde kan brengen door er gewoon langs te rijden. En dan, natuurlijk, zijn er de **kinderen**.

Ik leun uit het raam van mijn locomotief. Ze maken me altijd zo blij met hun stralende ogen en grote grijnzen. Ik zwaai energiek naar ze terug voordat ik terugga naar mijn **cabine** en ga zitten. Het was al een lange dag, maar hij is nog niet voorbij; het duurt nog een paar uur voordat we onze **eindbestemming** bereiken. Ik pak mijn boek en begin te lezen, terwijl het ritmische schommelen van de trein me in een vredige toestand brengt.

pour constater que nous sommes arrivés dans une petite ville quelque part au milieu de nulle part. Le soleil pointe à peine à l'horizon et les habitants commencent à s'agiter dans la rue principale ; c'est un jour comme les autres ici, à l'exception d'une chose : il y a un grand panneau près de l'hôtel de ville qui dit "Bienvenue à bord". Il semble que cette petite ville nous attendait, même si nous ne sommes qu'un train de **voyageurs** ordinaire qui passe par là pour aller ailleurs. Alors que nous laissons la ville derrière nous une fois de plus, en direction d'on ne sait où, je souris à tous les visages amicaux qui nous saluent depuis ces petites maisons nichées au milieu des **terres agricoles - c**'est vraiment étonnant de voir comment quelque chose d'apparemment si ordinaire peut apporter tant de joie simplement en passant par là. Et puis, bien sûr, il y a les **enfants**.

Je me penche par la fenêtre de ma locomotive. Ils me rendent toujours si heureux avec leurs yeux brillants et leurs grands sourires. Je leur fais un signe de la main énergique avant de retourner dans ma **cabine** et de m'asseoir. La journée a déjà été longue, mais elle n'est pas encore terminée ; il reste encore quelques heures avant d'atteindre notre **destination** finale. Je sors mon livre et commence à lire, laissant le balancement rythmique du train me bercer dans un état paisible.

Begrip vragen

1. Waar gaat de trein heen?

2. Wie reist er met de trein?

3. Wanneer vertrekt de trein?

4. Hoe komt de hoofdpersoon op de trein?

5. Waar komt de trein vandaan?

6. Waar gaat de trein nu heen?

7. Wanneer zijn de passagiers aangekomen?

8. Hoe voelt de hoofdpersoon zich als hij de trein mist?

9. Hoe reageert de treinmachinist als hij de
hoofdpersoon ziet?

10. Waarom houdt de hoofdpersoon van treinen?

Questions de compréhension

1. Où va le train ?

2. Qui voyage dans le train ?

3. Quand le train part-il ?

4. Comment le protagoniste monte-t-il dans le train ?

5. D'où vient le train ?

6. Où le train va-t-il ensuite ?

7. Quand les passagers sont-ils arrivés ?

8. Que ressent le protagoniste lorsqu'il rate le train ?

9. Comment le conducteur du train réagit-il lorsqu'il voit le protagoniste ?

10. Pourquoi le protagoniste aime-t-il les trains ?

Diner koken

Het is nu 5 uur 's middags en ik loop van mijn werk naar huis. Ik kijk **uit** naar een rustige avond thuis met mijn partner. We zullen samen eten koken en dan de rest van de avond ontspannen. Het voelt goed om te weten dat ik deze **avond** geen plannen of verplichtingen heb. Ik kom thuis en mijn partner is al in de keuken en begint ons avondeten klaar te maken. Het ruikt hier geweldig! We kletsen terwijl we koken, praten bij over elkaars dagen en delen kleine verhalen uit ons werkleven. De keuken is mijn favoriete kamer in ons appartement. Ik hou van koken, en vooral van koken met mijn partner. We hebben het hier altijd zo gezellig, we lachen wat en maken grapjes terwijl we aan het koken zijn. En het eten is altijd **heerlijk** als we **samenwerken**.

Vanavond maken we een van m'n lievelingsrecepten: Parmezaanse kip. Mijn partner begint met het paneren van de kip, terwijl ik de saus op het **fornuis** laat pruttelen. We werken samen als een goed geoliede machine en al snel is het eten klaar om op te dienen. We gaan aan onze kleine keukentafel zitten met **borden** vol met Parmezaanse kip, pasta en salade. We klinken op de glazen en nemen onze eerste hap, en het is **hemels**! De kip is knapperig van buiten maar sappig van binnen; de saus is smaakvol en perfect;

Cuisiner le dîner

Il est 17 heures et je rentre à pied du travail. J'ai **hâte** de passer une soirée tranquille à la maison avec mon partenaire. Nous allons préparer le dîner ensemble et nous détendre pour le reste de la nuit. C'est agréable de savoir que je n'ai aucun projet ni aucune obligation ce **soir**. J'arrive à la maison et mon partenaire est déjà dans la cuisine, en train de préparer notre dîner. Ça sent **très bon** ici ! Nous bavardons tout en cuisinant, prenant des nouvelles de nos journées respectives et partageant des petites histoires de nos vies professionnelles. La cuisine est ma pièce préférée dans notre appartement. J'adore cuisiner, et j'aime particulièrement cuisiner avec mon partenaire. Nous passons toujours un bon moment ici, à rire et à plaisanter pendant que nous cuisinons. De plus, la nourriture est toujours **incroyable** lorsque nous travaillons **ensemble**.

Ce soir, nous faisons l'une de mes recettes préférées : le **poulet au** parmesan. Mon partenaire commence par paner le poulet pendant que je fais mijoter la sauce sur la **cuisinière**. Nous travaillons ensêmble comme une machine bien huilée, et en peu de temps, le dîner est prêt à être servi. Nous nous asseyons à notre petite table de cuisine avec des **assiettes** remplies de poulet

de pasta is al dente gekookt... alles smaakt absoluut perfect vanavond. We weten allebei dat dit een van die avonden was waarop alles perfect samenkwam en we **genieten van** elke laatste hap van onze heerlijke maaltijd. Het smaakte nog beter dan het rook, en dat was verdomd goed! We hebben onze maaltijd relatief snel op, omdat geen van ons beiden vandaag honger heeft, maar we nemen de tijd om nog een paar **glazen** wijn te drinken terwijl we luchtig kletsen over dit en dat onderwerp. Na het eten ruimen we snel samen op en gaan dan naar de woonkamer, waar we een poosje **knuffelen** op de bank terwijl we TV kijken.

Het voelt zo fijn om dicht bij elkaar te zijn na een lange dag apart **werken**. Ik voel me voldaan. Ook al hadden we geen avond vol belevenissen, het was fijn om gewoon wat tijd met elkaar door te brengen zonder het huis uit te hoeven. We keken een film en gingen vroeg naar bed, met een **voldaan** gevoel over onze eenvoudige avond. Dit is een van onze **favoriete** dingen geworden om te doen op avonden dat we niet uit willen gaan - gewoon thuis ontspannen en genieten van elkaars gezelschap tijdens een zelfgekookte maaltijd.

au parmesan, de pâtes et de salade. Nous faisons tinter les verres et prenons notre première bouchée - et c'est **divin** ! Le poulet est croustillant à l'extérieur mais juteux à l'intérieur ; la sauce est savoureuse et parfaite ; les pâtes sont cuites al dente... tout a un goût absolument parfait ce soir. Nous savons tous les deux que c'était l'une de ces nuits où tout s'est parfaitement réuni alors que nous **savourons** chaque bouchée de notre délicieux repas. Le goût était encore meilleur que l'odeur, qui était sacrément bonne ! Nous terminons notre repas assez rapidement car aucun de nous n'a particulièrement faim aujourd'hui, mais nous prenons notre temps en dégustant quelques **verres** de vin supplémentaires tout en discutant légèrement de tel ou tel sujet. Après le dîner, nous nettoyons rapidement ensemble et passons au salon, où nous passons un moment à **nous câliner** sur le canapé en regardant la télévision.

C'est tellement agréable d'être près l'un de l'autre après une longue journée de **travail** séparé. Je me sens satisfaite. Même si la soirée n'a pas été très animée, c'était agréable de passer du temps ensemble sans avoir à quitter la maison. Nous avons regardé un film et nous nous sommes couchés tôt, **satisfaits** de notre simple soirée. C'est devenu l'une de nos activités **préférées** les soirs où nous n'avons pas envie de sortir - se détendre à la maison et profiter de la compagnie de l'autre autour d'un repas fait maison.

Begrip vragen

1. Waar komt de verteller vandaan?

2. Wat doet de verteller na het werk?

3. Wat eet de verteller als avondeten?

4. Waarom houdt de verteller van de keuken?

5. Wat voor gerecht kookt het stel?

6. Hoe voelt de verteller zich aan het eind van de avond?

7. Wat is het favoriete ding van het koppel om te doen?

8. Wat doet het stel als ze moe worden?

9. Waar slapen ze?

10. Waarom blijft de verteller graag thuis?

Questions de compréhension

1. D'où vient le narrateur ?

2. Que fait le narrateur après le travail ?

3. Que mange le narrateur pour le dîner ?

4. Pourquoi le narrateur aime-t-il la cuisine ?

5. Quel genre de plat le couple cuisine-t-il ?

6. Que ressent le narrateur à la fin de la soirée ?

7. Quelle est l'activité préférée du couple ?

8. Que fait le couple quand il est fatigué ?

9. Où dorment-ils ?

10. Pourquoi le narrateur aime-t-il rester à la maison ?

Walking Home

Het was een **rustige** avond toen ik van mijn werk naar huis liep. Terwijl ik liep, kon ik niet anders dan glimlachen bij de herinneringen. Het voelde goed om terug in mijn oude buurt te zijn. Ik zwaaide naar een paar mensen die ik kende, en zij zwaaiden terug. Het was goed om thuis te zijn. Ik liep langs mijn oude school en **herinnerde me** alle leuke tijden die ik had met mijn vrienden. We liepen altijd samen naar huis en praatten over onze dag. **Soms** stopten we om een ijsje te halen of gingen we naar het park. Dat waren de beste tijden. Ik mis die tijden. Maar nu heb ik mijn eigen familie en ik ben blij met mijn leven. Ik ben blij dat ik op die herinneringen kan terugkijken en glimlachen. Ze zijn een deel van mijn leven dat ik altijd zal koesteren. Dat waren de beste tijden. Ik mis die tijden. Maar nu heb ik mijn eigen familie en ben ik gelukkig met mijn leven. Ik ben blij dat ik kan terugkijken op die **herinneringen** en kan glimlachen. Ze zijn een deel van mijn leven dat ik altijd zal koesteren.

Ik blijf lopen, denkend aan de goede tijden die ik had met mijn vrienden. Ik weet dat ik ze snel weer zal zien. Ik ga richting mijn huis en besluit om door een park in de buurt te lopen. De zon gaat onder en de lucht kleurt **prachtig** oranje. Het park is leeg, behalve een

Walking Home

C'était une nuit **paisible** alors que je rentrais du travail. En marchant, je ne pouvais m'empêcher de sourire aux souvenirs. C'était bon d'être de retour dans mon ancien quartier. J'ai salué quelques personnes que je connaissais, et elles m'ont salué en retour. C'était bon d'être chez soi. Je suis passé devant mon ancienne école et je **me suis souvenu de** tous les bons moments que j'ai passés avec mes amis. On rentrait toujours ensemble à la maison et on parlait de notre journée. **Parfois,** on s'arrêtait pour acheter une glace ou aller au parc. C'était les meilleurs moments. Ces moments me manquent. Mais maintenant, j'ai ma propre famille et je suis heureuse de ma vie. Je suis heureux de pouvoir repenser à ces souvenirs et de sourire. Ils font partie de ma vie et je les chérirai toujours. C'était les meilleurs moments. Ils me manquent. Mais maintenant, j'ai ma propre famille et je suis heureux de ma vie. Je suis heureux de pouvoir repenser à ces **souvenirs** et de sourire. Ils font partie de ma vie et je les chérirai toujours.

Je continue à marcher, en pensant aux bons moments que j'ai passés avec mes amis. Je sais que je les reverrai bientôt. Je me dirige vers ma maison et décide de me promener dans un parc à proximité. Le soleil se

paar vogels die in de bomen tjilpen. Ik haal diep **adem** en glimlach. Terwijl ik door het park loop, zie ik een vallende ster door de lucht scheren. Ik doe een wens op die ster, en loop verder. Ik denk aan mijn dag op het werk en hoe **vredig** het was. Ik glimlach in mezelf, denkend aan hoe gelukkig ik ben dat ik zo'n geweldige baan heb. Ik loop naar huis en **voel** de koele nachtlucht op mijn huid. Ik voel me zo levendig en gelukkig, gewoon genietend van de eenvoudige handeling van het naar huis lopen op een vredige avond.
Ik voelde me zo goed, dat ik begon te **fluiten**. Ik liep langs een paar mensen op straat, maar ze bemoeiden zich allemaal met hun eigen zaken.

Ik draaide de hoek van mijn straat om en zag de kat van mijn buren, Mr. Whiskers, op mijn veranda zitten. Ik zei hem gedag en hij miauwde terug. Ik **deed** mijn deur **van het slot** en ging naar binnen. Ik was zo blij om thuis te zijn. Ik trok mijn schoenen uit en maakte me klaar om naar bed te gaan. Ik ging die avond naar bed met een blij en dankbaar gevoel, mijn hart vol liefde. Ik sliep de hele nacht rustig door, zonder me ergens zorgen over te maken. Ik werd wakker uit een rustgevende slaap en werd **begroet** door de zon die door mijn raam naar binnen scheen.

couche et le ciel prend une **belle** couleur orange. Le parc est vide, à l'exception de quelques oiseaux qui gazouillent dans les arbres. Je prends une profonde **inspiration** et je souris. Alors que je marche dans le parc, je vois une étoile filante traverser le ciel. J'ai fait un vœu sur cette étoile et j'ai continué à marcher. Je pense à ma journée de travail et au **calme qui** y régnait. Je souris à moi-même, en pensant à la chance que j'ai d'avoir un si bon travail. Je rentre chez moi, en **sentant l'**air frais de la nuit sur ma peau. Je me sens si vivante et heureuse, profitant du simple fait de rentrer chez moi par une nuit paisible. Je me sentais si bien que j'ai commencé à **siffler**. Je suis passé devant quelques personnes dans la rue, mais elles s'occupaient toutes de leurs affaires.

J'ai tourné le coin de ma rue et j'ai vu le chat de mon voisin, M. Whiskers, assis sur mon porche. Je lui ai dit bonjour et il miaulait en retour. J'ai **déverrouillé** ma porte et je suis entrée. J'étais si heureuse d'être chez moi. J'ai enlevé mes chaussures et me suis préparée pour aller me coucher. Je me suis couchée ce soir-là, heureuse et reconnaissante, le cœur plein d'amour. J'ai dormi profondément toute la nuit, sans me soucier de rien. Je me suis réveillée d'un sommeil réparateur et j'ai été **accueillie** par le soleil qui brillait à travers ma fenêtre.

Begrip vragen

1. Wat was de hoofdpersoon aan het doen toen het verhaal begon?

2. Waar dacht de hoofdpersoon aan toen hij naar huis liep?

3. Wat deed de hoofdpersoon vroeger met vrienden na school?

4. Wat mist de hoofdpersoon van die tijd?

5. Wat vindt de hoofdpersoon van zijn huidige leven?

6. Wat doet de hoofdpersoon als hij een vallende ster ziet?

7. Hoe voelt de hoofdpersoon zich als ze naar huis lopen?

8. Wat doet de hoofdpersoon als ze thuiskomen?

9. Hoe voelt de hoofdpersoon zich als hij de volgende ochtend wakker wordt?

10. Wat doet de hoofdpersoon de volgende dag?

Questions de compréhension

1. Que faisait le protagoniste au début de l'histoire ?

2. À quoi le protagoniste a-t-il pensé en rentrant chez lui ?

3. Qu'est-ce que le protagoniste avait l'habitude de faire avec ses amis après l'école ?

4. Qu'est-ce que le protagoniste regrette de cette époque ?

5. Que pense le protagoniste de sa vie actuelle ?

6. Que fait le protagoniste lorsqu'il voit une étoile filante ?

7. Que ressent le protagoniste lorsqu'il rentre à pied chez lui ?

8. Que fait le protagoniste lorsqu'il rentre chez lui ?

9. Que ressent le protagoniste lorsqu'il se réveille le lendemain matin ?

10. Que fait le protagoniste le lendemain ?

Het kasteel

De familie had altijd al eens een oud kasteel in **Duitsland** willen bezoeken, en eindelijk hebben ze de reis gemaakt. Ze werden niet **teleurgesteld**. Het kasteel was prachtig, en ze genoten van het verkennen van de vele kamers en gangen. Het eerste wat hen trof was de geur. Ze vonden **schimmel**, vochtigheid, en iets anders waar ze hun vinger niet op konden leggen. Het tweede was het geluid. Stenen muren zijn dik, maar ze dempen het geluid niet volledig. Ze hoorden elke voetstap, elk woord dat met een normale stem werd uitgesproken, en af en toe een druppeltje water **ergens** in de verte. Toen hun ogen zich aanpasten aan het zwakke licht, zagen zij overal om hen heen massieve stenen muren opdoemen, waaraan wandtapijten in flarden hingen. Ze stonden in een enorme hal met een hoog plafond, ondersteund door gebeeldhouwde pilaren. Ze hielden ook van het uitzicht vanaf de torentjes, en de kinderen vermaakten zich met rondrennen over het terrein. De **zon** begon al onder te gaan tegen de tijd dat ze klaar waren met het verkennen van het kasteel, en ze betreurden het dat ze geen **zaklamp** hadden meegenomen. Ze besloten om terug te gaan naar de ingang, maar al snel waren ze verdwaald. Ze dwaalden urenlang rond, tot ze eindelijk een deur tegenkwamen die naar buiten

Le château

La famille avait toujours voulu visiter un vieux château en **Allemagne**, et elle a finalement fait le voyage. Ils n'ont pas été **déçus**. Le château était magnifique, et ils ont pris plaisir à explorer ses nombreuses pièces et couloirs. La première chose qui les frappe est l'odeur. Ils ont trouvé de la **moisissure**, de l'humidité et quelque chose d'autre qu'ils n'ont pas réussi à identifier. La deuxième chose a été le son. Les murs de pierre sont épais, mais ils n'étouffent pas complètement le son. Ils ont entendu chaque pas, chaque mot prononcé d'une voix normale, et le goutte-à-goutte occasionnel de l'eau **quelque part** au loin. Lorsque leurs yeux se sont adaptés à la faible lumière, ils ont vu des murs de pierre massifs se dresser tout autour d'eux, des tapisseries en **lambeaux y étant** suspendues. Ils se tenaient dans un immense hall avec un haut plafond soutenu par des piliers sculptés. Ils ont également aimé les vues depuis les tourelles, et les enfants ont eu beaucoup de plaisir à courir dans le parc. Le **soleil** avait commencé à se coucher lorsqu'ils ont fini d'explorer le château, et ils ont regretté de ne pas avoir apporté de **lampe de poche**. Ils ont décidé de retourner à l'entrée, mais ils se sont vite perdus. Ils errent pendant des heures, jusqu'à ce qu'ils trouvent enfin une porte qui mène à l'extérieur. Ils ont continué jusqu'à ce qu'ils **atteignent le** bout du

leidde. Ze liepen door tot ze **aan het** eind van de gang kwamen bij een imposant stel dubbele deuren. Hoe ze ook probeerden, de deuren wilden niet bewegen. Ze rammelden **onheilspellend**, maar bewogen geen centimeter. Het leek erop dat degene die hier eerder was, hier doorheen was gegaan en ze van binnenuit had afgesloten. Uiteindelijk vinden ze een uitweg. Opluchting overspoelde hen toen ze naar buiten stapten in de koele nachtlucht.

De zon begon onder te gaan en zij **betreurden het** dat zij geen zaklamp hadden meegenomen. Ze besloten terug te gaan naar de ingang, maar al gauw waren ze verdwaald. Ze dwaalden urenlang rond, tot ze eindelijk een deur tegenkwamen die **naar buiten** leidde. Opluchting overviel hen toen ze naar buiten stapten in de koele nachtlucht. De volgende avond namen ze een zaklamp mee om de rest van het kasteel te verkennen. Ze liepen over de **binnenplaats** en naar de rivier die achter de kasteelmuren stroomde. Terwijl ze rondliepen, begonnen ze vreemde geluiden te horen. Het klonk alsof iemand hen volgde. Ze versnelden hun pas, maar de geluiden werden luider en dichterbij. De familie rende zo snel als ze konden terug naar het kasteel, en ze waren opgelucht toen ze zagen dat de figuur in de **donkere** mantel hen niet was gevolgd.

couloir et arrivent à une imposante série de doubles portes. Ils ont beau essayer, les portes ne bougent pas. Elles cliquettent **sinistrement** mais ne bougent pas d'un pouce. On dirait que celui qui était ici avant a dû passer par là et les verrouiller de l'intérieur. Finalement, ils ont trouvé un moyen de sortir. Le soulagement les envahit alors qu'ils sortent dans l'air frais de la nuit.

Le soleil avait commencé à se coucher, et ils **regrettaient de ne pas avoir** apporté de lampe de poche. Ils ont décidé de retourner à l'entrée, mais ils se sont vite perdus. Ils ont erré pendant ce qui leur a semblé être des heures, jusqu'à ce qu'ils trouvent enfin une porte qui menait à **l'extérieur**. Le soulagement les a envahis alors qu'ils sortaient dans l'air frais de la nuit. Le lendemain soir, ils ont pris soin d'emporter une lampe de poche pour explorer le reste du château. Ils ont traversé la **cour** et sont descendus jusqu'à la rivière qui coulait derrière les murs du **château**. Alors qu'ils se promenaient, ils ont commencé à entendre des bruits étranges. On aurait dit que quelqu'un les suivait. Ils accélèrent le pas, mais les bruits deviennent plus forts et plus proches. Les membres de la famille courent vers le château aussi vite qu'ils le peuvent, et ils sont soulagés de voir que la silhouette au manteau **sombre** ne les a pas suivis.

Begrip vragen

1. Wat deed de familie toen ze verdwaald waren in het kasteel?

2. Hoe voelde de familie zich toen ze erachter kwamen dat het gewoon een lokale man was?

3. Wat heeft de man gedaan waardoor hij gearresteerd is?

4. Wat was de straf voor de man?

5. Welk geluid hoorde de familie tijdens de wandeling?

6. Waar was de figuur in de donkere mantel toen de familie hem zag?

7. Wat deed de familie toen ze terugkwamen in hun kamer?

8. Wanneer ging de familie het kasteel weer verkennen?

9. Wat was het ding waar de familie hun vinger niet op konden leggen?

10. Wat deed de familie voordat ze weer op verkenning gingen in het kasteel?

Questions de compréhension

1. Qu'a fait la famille lorsqu'elle s'est perdue dans le château ?

2. Comment la famille s'est-elle sentie quand elle a découvert que c'était juste un homme du coin ?

3. Qu'a fait l'homme qui a été arrêté ?

4. Quelle a été la sentence pour cet homme ?

5. Quel bruit la famille a-t-elle entendu pendant qu'elle marchait ?

6. Où était le personnage au manteau sombre quand la famille l'a vu ?

7. Qu'a fait la famille en rentrant dans sa chambre ?

8. Quand la famille est-elle repartie explorer le château ?

9. Quelle était la chose sur laquelle la famille n'arrivait pas à mettre le doigt ?

10. Qu'a fait la famille avant de retourner explorer le château ?

Mijn tuin

Mijn tuin is mijn geluksplek. Ik ga er elke dag heen, regen of zonneschijn, en besteed tijd aan het verzorgen van mijn planten. Ik heb een beetje van **alles:** **groenten**, fruit, bloemen, kruiden. Ik heb zelfs een paar kippen die helpen het ongedierte op afstand te houden. Ik begin mijn dagen in de tuin met het rapen van eieren bij de kippen. Dan controleer ik mijn groenten en zorg ervoor dat ze genoeg water en zon krijgen. Ik wied de bedden en verwijder insecten die de planten kunnen **aanvallen**. Als **alles** is gedaan, leun ik achterover en geniet van de rust en stilte van de natuur.

Ik heb altijd graag tijd in mijn tuin doorgebracht. Er is iets met het omringd zijn door de natuur en al het **moois** dat zij te bieden heeft. Ik vind het een heel vredige en kalmerende plek. Ik breng vaak tijd door in mijn tuin, gewoon om te ontspannen en te genieten van het landschap. Ik geniet er ook van om in mijn tuin te werken en dingen te kweken. Ik heb een behoorlijk grote tuin, en ik kweek er graag **verschillende** dingen in. Ik kweek bloemen, **groenten** en kruiden. Ik heb ook een paar fruitbomen die heerlijke appels, peren en pruimen voortbrengen. Naast het kweken van dingen, vind ik het ook leuk om gewoon in mijn tuin rond te lopen en de verschillende planten en dieren te

Mon jardin

Mon jardin est mon coin de paradis. J'y vais tous les jours, qu'il pleuve ou qu'il vente, et je passe du temps à m'occuper de mes plantes. J'ai un peu de **tout :** **légumes**, fruits, fleurs, herbes. J'ai même quelques poules qui m'aident à tenir les parasites à distance. Je commence mes journées dans le jardin en ramassant les œufs des poules. Puis je vérifie que mes légumes reçoivent suffisamment d'eau et de soleil. Je désherbe les plates-bandes et j'élimine les insectes qui pourraient **attaquer** les plantes. Une fois que **tout est** fait, je m'assois et je profite de la paix et du calme de la nature.

J'ai toujours aimé passer du temps dans mon jardin. Il y a quelque chose dans le fait d'être entouré par la nature et toute la **beauté qu'**elle a à offrir. Je trouve que c'est un endroit très paisible et apaisant. Je passe souvent du temps dans mon jardin à me détendre et à profiter du paysage. J'aime aussi travailler dans mon jardin et faire pousser des choses. J'ai un jardin d'assez bonne taille et j'aime y faire pousser toutes **sortes** de choses. Je fais pousser des fleurs, des **légumes** et des herbes aromatiques. J'ai aussi quelques arbres fruitiers qui produisent de délicieuses pommes, poires et prunes. En plus de faire pousser des choses, j'aime aussi passer du temps à me promener dans mon jardin,

bewonderen die er wonen. Ik heb in de loop der jaren vele uren besteed om van mijn **tuin** een plek te maken die niet alleen mooi is, maar ook functioneel. Ik kijk graag naar de vogels die rondfladderen en luister naar hun gezang. Soms haal ik zelfs een boek tevoorschijn en lees in de tuin terwijl ik omringd ben door al het moois dat ik heb gecreëerd. **Tuinieren** is mijn passie en het brengt me zoveel vreugde. Elke dag in mijn tuin is een goede dag.

Een van de dingen die ik graag doe is koken, dus een goed gevulde kruidentuin is erg **belangrijk** voor me. Tijm, basilicum, oregano, rozemarijn, salie en lavendel zijn slechts enkele van de kruiden die ik graag in mijn tuin kweek, zodat ik ze kan gebruiken bij het bereiden van maaltijden voor mezelf of voor **gasten**. Wat ik ook belangrijk vind in mijn tuin is dat er veel kleur in zit. Om dit doel te bereiken, kweek ik een grote verscheidenheid aan bloemen, waaronder **rozen**, lelies, madeliefjes, tulpen, impatiens, goudsbloemen, enz. Naast het toevoegen van kleur met bloemen, vind ik het ook leuk om verschillende **texturen te** gebruiken in de tuin. Zo plant ik bijvoorbeeld varens onder torenhoge zonnebloemen of hosta's **naast** stekelige siergrassen. Wat er verder ook aan de hand is in mijn leven, door in mijn tuin **te** werken voel ik me altijd meer verbonden met de natuur en in vrede met mezelf.

à **admirer** toutes les plantes et tous les animaux qui y vivent. J'ai passé de nombreuses heures au fil des ans à faire de mon **jardin** un endroit non seulement beau mais aussi fonctionnel. J'aime regarder les oiseaux voltiger et les écouter chanter. Parfois, je sors même un livre et je lis dans le jardin, entourée de toute la beauté que j'ai créée. Le **jardinage** est ma passion et il m'apporte tant de joie. Chaque jour dans mon jardin est un bon jour.

L'une des choses que j'aime faire, c'est cuisiner. Il est donc très **important pour moi d'**avoir un jardin d'herbes aromatiques bien garni. Le thym, le basilic, l'origan, le romarin, la sauge et la lavande sont quelques-unes des herbes que j'aime faire pousser dans mon jardin pour pouvoir les utiliser lorsque je prépare des repas pour moi ou pour mes **invités**. Une autre chose qui est importante pour moi quand il s'agit de mon jardin, c'est de m'assurer qu'il y a beaucoup de couleurs dans tout le jardin. Pour atteindre cet objectif, je cultive une grande variété de fleurs, notamment des **roses**, des lys, des marguerites, des tulipes, des impatiens, des soucis, etc. En plus d'ajouter de la couleur avec les fleurs, j'aime aussi ajouter de l'intérêt en utilisant différentes **textures** dans le jardin. Par exemple, je peux planter des fougères sous des tournesols imposants ou des hostas à **côté de** graminées ornementales hérissées.

Begrip vragen

1. Waar is de tuin van de auteur?

2. Hoeveel kippen heeft de schrijver?

3. Wat doet de schrijver elke dag in de tuin?

4. Waarom houdt de auteur van de tuin?

5. Welke kruiden plant de auteur in de tuin?

6. Waarom is het belangrijk voor de auteur dat er veel kleuren in zijn tuin zijn?

7. Hoe brengt de auteur afwisseling in zijn tuin?

8. Hoe voelt de schrijver zich als hij in zijn tuin werkt?

9. Waardoor voelt de auteur zich verbonden als hij in zijn tuin is?

10. Waarom is elke dag in de tuin van de auteur een goede dag?

Questions de compréhension

1. Où se trouve le jardin de l'auteur ?

2. Combien de poulets l'auteur possède-t-il ?

3. Que fait l'auteur dans le jardin tous les jours ?

4. Pourquoi l'auteur aime-t-il le jardin ?

5. Quelles herbes l'auteur plante-t-il dans le jardin ?

6. Pourquoi est-il important pour l'auteur qu'il y ait beaucoup de couleurs dans son jardin ?

7. Comment l'auteur apporte-t-il de la variété à son jardin?

8. Que ressent l'auteur lorsqu'il travaille dans son jardin?

9. Qu'est-ce qui fait que l'auteur se sent connecté quand il est dans son jardin ?

10. Pourquoi chaque jour dans le jardin de l'auteur est-il un bon jour ?

Gaan winkelen

Ik hou ervan om te gaan **winkelen** in het winkelcentrum. Het is altijd zo leuk om rond te lopen en naar alle verschillende winkels te kijken. Er is voor elk wat wils in het winkelcentrum, en het is altijd een geweldige plek om deals te vinden voor kleren, schoenen en accessoires. Ik begin mijn shoppingtrip meestal met een wandeling door de **hoofdingang** van het winkelcentrum. Van daaruit ga ik eerst naar mijn favoriete winkels. Na het bekijken van die winkels, loop ik rond en kijk of er een verkoop gaande is op andere plaatsen. Meestal ben ik wel een paar uur in het winkelcentrum voordat ik eindelijk mijn aankopen doe. Ik neem altijd graag mijn tijd als ik ga winkelen, **want** ik wil zeker weten dat ik **precies** krijg wat ik wil. Plus, het is gewoon leuker op die manier!

Ik vind het altijd zo **fascinerend** om mensen te kijken als ik in het winkelcentrum ben. Je kunt echt veel over een persoon vertellen door de manier waarop ze winkelen. Sommige mensen zijn heel methodisch en nemen hun tijd, terwijl anderen gewoon lijken te grijpen **wat** ze kunnen en zo snel mogelijk naar de kassa gaan. Er zijn ook shoppers die meer geïnteresseerd lijken te zijn in het praten op hun mobieltje of in sms'en dan in het bekijken van de koopwaar! Het maakt echter

Faire du shopping

J'adore aller **faire du shopping** au centre commercial. C'est toujours très amusant de se promener et de regarder tous les différents magasins. Il y en a pour tous les goûts au centre commercial et c'est toujours l'endroit idéal pour faire des affaires sur les vêtements, les chaussures et les accessoires. Je commence **généralement** mon shopping en passant par l'**entrée** principale du centre commercial. De là, je me dirige d'abord vers mes magasins préférés. Après avoir fait le tour de ces magasins, je me promène pour voir s'il y a des soldes dans d'autres endroits. Je finis généralement par passer quelques heures dans le centre commercial avant de faire mes achats. J'aime toujours prendre mon temps lorsque je fais du shopping, **car** je veux être sûre d'obtenir **exactement** ce que je veux. En plus, c'est plus amusant comme ça !

Je trouve toujours **fascinant** d'observer les gens quand je suis au centre commercial. On peut vraiment en apprendre beaucoup sur une personne par sa façon de faire ses courses. Certaines personnes sont très méthodiques et prennent leur temps, tandis que d'autres semblent prendre **tout ce qu'**elles peuvent et se diriger vers la caisse aussi vite que possible. Il y a aussi les acheteurs qui semblent plus intéressés

niet uit wat voor soort shopper je bent, iedereen lijkt te genieten van window shopping - zelfs als je niet echt iets koopt. Er is gewoon iets aan het kijken naar al die mooie dingen in de **etalages** dat me gelukkig maakt. Soms fantaseer ik over hoe het zou zijn als ik me **alles** kon veroorloven wat ik zie! Al met al is een dagje winkelen in het winkelcentrum een van mijn favoriete bezigheden. Het is een geweldige manier om te ontspannen en tot rust te komen, terwijl je ook een beetje beweging krijgt (als je maar genoeg rondloopt). Bovendien is het **altijd** leuk om jezelf af en toe te trakteren op een nieuw shirt of een paar schoenen!

Ik had een **lange** dag op het werk en had eindelijk wat tijd voor mezelf, dus besloot ik te gaan winkelen in het winkelcentrum. Ik had wat nieuwe kleren nodig voor het **komende** seizoen. Zodra ik binnenkwam, zag ik al die felle lichten en glimmende etalages. Ik ging eerst naar mijn favoriete winkel en begon door de rekken te snuffelen. Ik vond een paar leuke topjes en paste ze in de kleedkamer. Terwijl ik mezelf in de spiegel bekeek, hoorde ik iemand de kleedkamer naast de mijne binnenkomen. Ik herkende zijn stem als een van mijn collega's.

à parler au téléphone portable ou à envoyer des SMS qu'à regarder la marchandise ! Quel que soit le type d'acheteur, tout le monde semble apprécier le lèche-vitrine, même si vous n'achetez rien. Il y a quelque chose qui me rend heureuse dans le fait de regarder toutes ces jolies choses dans les **vitrines des magasins**. Parfois, je m'imagine comment ce serait si je pouvais m'offrir **tout ce que** je vois ! En fin de compte, passer une journée à faire du shopping au centre commercial est l'un de mes passe-temps favoris. C'est un excellent moyen de se détendre et de se relaxer tout en faisant un peu d'exercice (si vous marchez suffisamment). Et puis, c'est **toujours** agréable de s'offrir une nouvelle chemise ou une nouvelle paire de chaussures de temps en temps !

J'ai eu une **longue** journée de travail et j'ai enfin eu du temps pour moi, alors j'ai décidé d'aller faire du shopping au centre commercial. J'avais besoin de nouveaux vêtements pour la saison **à venir**. Dès que je suis entrée, j'ai vu toutes les lumières vives et les façades brillantes des magasins. Je me suis dirigée vers mon magasin préféré en premier et j'ai commencé à parcourir les rayons. J'ai trouvé quelques jolis hauts et les ai essayés dans la cabine d'essayage. Alors que je me regardais dans le miroir, j'ai entendu quelqu'un entrer dans la cabine d'**essayage** à côté de la mienne. J'ai reconnu sa voix comme étant celle d'un de mes collègues de travail.

Begrip vragen

1. Waar sla je het liefst op?

2. Wat is je favoriete winkel in het winkelcentrum?

3. Hoe lang blijft u meestal in het winkelcentrum?

4. Wat vind je van mensen die veel tijd in het winkelcentrum doorbrengen?

5. Wat is uw favoriete bezigheid in het winkelcentrum?

6. Heb je ooit iets gekocht in het winkelcentrum terwijl je het niet echt nodig had?

7. Hoe reageert u als u in het winkelcentrum iets ziet dat u heel graag zou willen hebben, maar dat te duur is?

8. Heb je ooit iets in het winkelcentrum gezien en je afgevraagd wie het zou kopen?

9. Wat vindt u van mensen die in het winkelcentrum met hun mobieltje bezig zijn in plaats van naar de winkels te kijken?

Questions de compréhension

1. Où aimez-vous le plus stocker ?

2. Quel est votre magasin préféré dans le centre commercial ?

3. Combien de temps restez-vous habituellement au centre commercial ?

4. Que pensez-vous des personnes qui passent beaucoup de temps au centre commercial ?

5. Quelle est votre activité préférée au centre commercial ?

6. Avez-vous déjà acheté quelque chose au centre commercial alors que vous n'en aviez pas vraiment besoin ?

7. Comment réagissez-vous lorsque vous voyez au centre commercial un article que vous aimeriez vraiment, mais qui est trop cher ?

8. Avez-vous déjà vu quelque chose au centre commercial en vous demandant qui l'achèterait ?

9. Que pensez-vous des personnes qui sont occupées avec leur téléphone portable dans les centres commerciaux au lieu de regarder les magasins ?

Op de markt

Ik sta op zaterdagochtend vroeg op, popelend om naar
de **markt te gaan** voordat het te druk wordt. Ik trek
wat kleren aan en ga de deur uit, terwijl ik onderweg
mijn herbruikbare tassen pak. Terwijl ik loop, begin ik
te plannen wat ik de komende week wil maken. Ik weet
dat ik minstens één keer groenten wil **roosteren**, dus ik
moet wat groenten van goede kwaliteit kopen. Ik wil ook
een soep of stoofpot maken, dus ik moet ook wat vlees
kopen. Ik zal moeten kijken wat er goed uitziet als ik
daar ben. De markt is maar een paar straten verderop,
en ik zie de kraampjes al staan en de **mensen al
rondlopen**.

Ik kom aan op de markt en ga meteen naar de
groentekraam. Het aanbod is prachtig en ik vul mijn
tassen met een verscheidenheid aan **verse** producten.
Ik maak een praatje met de boer en hij raadt me
een paar recepten aan. Ik ben enthousiast om ze
uit te proberen. Ik maak een praatje met de **boeren**
terwijl ik aan het winkelen ben en leer hen en hun
producten kennen. Als ik alle groenten heb die ik
nodig heb, ga ik naar de vleesafdeling. Ik aarzel een
beetje, omdat ik niet zeker weet wat ik wil hebben.
Uiteindelijk kies ik voor kip, omdat dat veelzijdig is
en in allerlei gerechten kan worden gebruikt. Ik koop
ook een paar verschillende stukken vlees, en zorg

Au marché

Je me réveille tôt le samedi matin, impatiente de me rendre au **marché** avant qu'il ne soit trop fréquenté. Je m'habille et je sors, en prenant mes sacs réutilisables en chemin. En marchant, je commence à planifier ce que je veux faire pour la semaine à venir. Je sais que je veux faire **rôtir des** légumes au moins une fois, donc je vais devoir acheter des légumes de bonne qualité. Je veux aussi faire une soupe ou un ragoût, et je vais donc devoir acheter de la viande. Je verrai bien ce qui me semble bon quand je serai sur place. Le marché n'est qu'à quelques rues d'ici, et je vois déjà les étals installés et les **gens qui** s'agitent.

J'arrive au marché et me dirige directement vers le stand des légumes. La sélection est magnifique, et je remplis mes sacs d'une variété de produits **frais**. Je discute un peu avec le fermier et il me recommande quelques recettes. J'ai hâte de les essayer. Je discute avec les **agriculteurs** pendant que je fais mes courses, pour apprendre à les connaître et à connaître leurs produits. Après avoir acheté tous les légumes dont j'ai besoin, je passe à la section des viandes. Je suis un peu plus hésitante, car je ne suis pas sûre de ce que je veux acheter. J'opte finalement pour du poulet, car il est polyvalent et peut être utilisé dans de nombreux plats. J'achète également quelques morceaux de

ervoor dat ik grasgevoerd rundvlees en **scharrelkip koop**. De slager was een vriendelijke man, altijd vrolijk ondanks de lange uren die hij werkte. Hij pakte mijn kippenborst en biefstuk in voordat hij met me praatte over zijn weekendplannen. Ik nam afscheid van hem en vervolgde mijn weg. Ik heb ook nog wat eieren en kaas meegenomen uit de zuivelafdeling.

Het krioelde van de mensen op de markt, die allemaal stonden te popelen om de verse producten en het vlees **te** bemachtigen die werden aangeboden. De lucht hing vol met de geur van knoflook en uien, en het geluid van gelach en gesprekken vulde de lucht. Ik baande me een weg door de menigte en zocht de andere dingen uit die ik nodig had voor mijn wekelijkse boodschappen. Ik vulde mijn **mandje** met fruit en groenten, pasta en brood, voordat ik naar de kassa ging. De rij was lang, maar het ging snel. Eindelijk waren de laatste **boodschappen** gedaan, en was het tijd om naar huis te gaan. De auto werd volgeladen, en de rit naar huis was lang en moeizaam. Het verkeer was druk en de hitte was drukkend. Eindelijk reed de auto de oprit op en de opluchting was voelbaar. Het huis was koel en stil, en het was een oase na de drukte van de markt. Alles werd opgeborgen, en het huis was al snel weer in zijn gebruikelijke rust en stilte. Ik had alles wat ik nodig had om **heerlijke** maaltijden te maken voor mezelf en voor mijn gezin. Het was goed om thuis te zijn.

viande différents, en veillant à prendre du bœuf nourri à l'herbe et du **poulet** élevé en plein air. Le boucher est un homme sympathique, toujours de bonne humeur malgré ses longues heures de travail. Il a emballé mes blancs de poulet et mon steak avant de me parler de ses projets pour le week-end. Je lui ai dit au revoir et j'ai continué mon chemin. J'ai également acheté des œufs et du fromage au rayon produits laitiers.

Le marché grouille de gens, tous impatients de mettre la **main sur les** produits frais et la viande proposés. L'odeur de l'ail et des oignons flottait dans l'air, et le son des rires et des conversations était omniprésent. Je me suis frayé un chemin dans la foule, en choisissant les autres articles dont j'avais besoin pour mes courses de la semaine. J'ai rempli mon **panier** de fruits et légumes, de pâtes et de pain, avant de me diriger vers la caisse. La file d'attente est longue, mais elle avance rapidement. Enfin, j'ai acheté les dernières **provisions et il est** temps de rentrer à la maison. La voiture est chargée, et le chemin du retour est long et fastidieux. La circulation est dense et la chaleur est accablante. Enfin, la voiture se gare dans l'allée et le soulagement est palpable. La maison était fraîche et calme, et c'était un havre de paix après l'**agitation** du marché. Tout a été rangé, et la maison a rapidement retrouvé sa tranquillité habituelle. J'avais tout ce dont j'avais besoin pour préparer de **délicieux** repas pour moi et pour ma famille. C'était bon d'être chez soi.

Begrip vragen

1. Waar gaat de persoon heen?

2. Wat wil de persoon kopen?

3. Hoeveel tassen heeft de persoon?

4. Hoe ver weg is de markt?

5. Wat doet de persoon op dit moment?

6. Wat is alles op de markt?

7. Hoeveel mensen zijn er op de markt?

8. Hoe lang heeft de persoon erover gedaan om alles te kopen?

9. Hoe is de persoon naar huis gegaan?

10. Wat deed de persoon toen hij of zij thuiskwam?

Questions de compréhension

1. Où va la personne ?

2. Que veut acheter la personne ?

3. Combien de sacs la personne possède-t-elle ?

4. A quelle distance se trouve le marché ?

5. Que fait la personne en ce moment ?

6. Que se passe-t-il sur le marché ?

7. Combien y a-t-il de personnes sur le marché ?

8. Combien de temps a-t-il fallu à la personne pour tout acheter ?

9. Comment la personne est-elle rentrée chez elle ?

10. Qu'a fait la personne en rentrant chez elle ?

In een café

Het was een kille **herfstochtend** en ik had met mijn vriendin Lily afgesproken in ons favoriete café voor een kopje koffie. Ik wikkelde me warm in mijn jas en sjaal en ging op weg. De bladeren vielen van de bomen en de lucht was een beetje fris, maar de zon scheen en het beloofde een mooie dag te worden. Terwijl ik liep, **dacht** ik aan hoe goed het was om een vriendin als Lily te hebben. We waren al jaren vriendinnen, sinds we elkaar op de **universiteit** ontmoetten. We kregen een band door onze voorliefde voor koffie en het kletsen in cafés. Ook al woonden we nu in verschillende delen van de stad, we kwamen nog steeds één keer per week samen om koffie te drinken. Ik kwam aan bij het café, en Lily zat daar al op me te wachten. We omhelsden elkaar en bestelden onze koffie. We vonden een tafeltje bij het raam en gingen zitten kletsen. De **koffie** was heerlijk, zoals altijd, en het was zo leuk om bij te praten met Lily. We spraken over onze week, onze banen, en onze plannen voor de toekomst. Het was altijd zo makkelijk om met Lily te praten, en ik had het gevoel dat ik haar alles kon vertellen. Na een tijdje begonnen we honger te krijgen en **besloten we** wat eten te bestellen.

We **bestelden** ons eten en zochten een plaatsje bij het raam. De zon scheen door het raam naar binnen,

Dans un café

C'était un matin d'**automne** frisquet, et j'avais donné rendez-vous à mon amie Lily dans notre café préféré pour prendre un café. Je me suis enveloppée chaudement dans mon manteau et mon écharpe et je suis partie. Les feuilles tombaient des arbres et l'air était glacial, mais le soleil brillait et la journée promettait d'être magnifique. Tout en marchant, j'ai **pensé** à quel point c'était bien d'avoir une amie comme Lily. Nous étions amies depuis des années, depuis notre rencontre à l'**université**. Nous nous sommes liées par notre amour du café et du temps passé à discuter dans les cafés. Même si nous vivions dans des quartiers différents de la ville, nous nous retrouvions pour prendre un café une fois par semaine. Je suis arrivé au café, et Lily était déjà là, à m'attendre. Nous nous sommes embrassées et avons commandé nos cafés. Nous avons trouvé une table près de la fenêtre et nous nous sommes installées pour discuter. Le **café** était délicieux, comme toujours, et c'était si agréable de rattraper le temps perdu avec Lily. Nous avons parlé de notre semaine, de nos emplois et de nos projets pour l'avenir. C'était toujours si facile de parler à Lily, et j'avais l'impression que je pouvais tout lui dire. Après un moment, nous avons commencé à avoir faim et **avons décidé** de commander de la nourriture.

waardoor alles warm en gelukkig aanvoelde. We babbelden terwijl we ons eten aten, en genoten van het simpele plezier om in elkaars **gezelschap** te zijn. Het was druk in het café, maar het voelde niet druk aan. Er hing een gevoel van vrede en tevredenheid in de lucht. Toen we ons eten op hadden, bleven we nog een tijdje zitten, genietend van de vredige **sfeer**. We praatten een tijdje over verschillende dingen die in ons leven waren gebeurd. Het was zo fijn om bij te praten met mijn vriend en gewoon **te ontspannen**. De zon scheen door het raam, en het voelde alsof **niets** onze perfecte dag kon verpesten.

Plotseling hoorde ik een harde klap. Ik draaide me om en zag dat een man door het plafond was gevallen en voor ons op de grond lag. Hij was **bedekt** met stof en puin en leek bewusteloos te zijn. Mijn vriend en ik waren allebei in shock toen we naar de man staarden die op de grond lag. We wisten niet wat we moesten doen of wie we moesten bellen voor hulp. We zaten daar gewoon naar hem te staren, niet wetend wat te doen. Na een paar minuten kwam ik bij en belde 911. De telefoniste zei me dat er zo iemand zou komen. Ik hing de telefoon op en vertelde mijn vriend wat de **telefoniste** had gezegd.

Nous avons **commandé notre** nourriture et trouvé un siège près de la fenêtre. Le soleil brillait à travers la fenêtre, rendant le tout chaleureux et joyeux. Nous avons bavardé en mangeant, appréciant le simple plaisir d'être en **compagnie de l'autre**. Le café était occupé, mais il n'y avait pas de foule. Il y avait un sentiment de paix et de satisfaction dans l'air. Après avoir terminé notre repas, nous sommes restés assis un moment de plus, profitant de l'**atmosphère** paisible. Nous avons parlé pendant un moment de différentes choses qui avaient eu lieu dans nos vies. C'était si agréable de rattraper le temps perdu avec mon ami et de **se détendre**. Le soleil brillait à travers la fenêtre, et c'était comme si **rien ne** pouvait gâcher notre journée parfaite.

Soudain, j'ai entendu un grand fracas. Je me suis retourné pour voir qu'un homme avait traversé le plafond et gisait sur le sol devant nous. Il était **couvert** de poussière et de débris et semblait être inconscient. Mon ami et moi étions tous deux sous le choc en regardant l'homme allongé sur le sol. Nous ne savions pas quoi faire ni qui appeler à l'aide. Nous sommes restés assis là, à le regarder, sans savoir quoi faire. Après quelques minutes, je me suis ressaisie et j'ai appelé le 911. L'opérateur m'a dit que quelqu'un arriverait bientôt. J'ai raccroché le téléphone et j'ai raconté à mon ami ce que l'**opérateur avait** dit.

Begrip vragen

1. Waar komt de man vandaan die door het dak valt?

2. Waarom is de vrouw met haar vriendin in het café?

3. Wat is het favoriete café van de twee vrienden?

4. Hoe lang kennen de twee vrienden elkaar al?

5. Wat is het favoriete drankje van de twee vrienden?

6. In welke stad wonen de twee vrienden?

7. Hoe vaak ontmoeten de twee vrienden elkaar?

8. Waar hebben de twee vrienden het over als ze elkaar voor het eerst ontmoeten in hun favoriete café?

9. Wat is het lievelingseten van de twee vrienden?

10. Waarom is het zo makkelijk om met Lily te praten?

Questions de compréhension

1. D'où vient l'homme qui tombe à travers le toit ?

2. Pourquoi la femme est-elle avec son ami dans le café ?

3. Quel est le café préféré des deux amis ?

4. Depuis combien de temps les deux amis se connaissent-ils ?

5. Quelle est la boisson préférée des deux amis ?

6. Dans quelle ville vivent les deux amis ?

7. Combien de fois les deux amis se rencontrent-ils ?

8. De quoi parlent les deux amis lorsqu'ils se rencontrent pour la première fois dans leur café préféré ?

9. Quel est le plat préféré des deux amis ?

10. Pourquoi c'est si facile de parler à Lily ?

Gaan zwemmen

Het zwembad was altijd een **verfrissende** plek om te zijn, en vandaag was dat niet anders. De zon scheen en het water zag er uitnodigend uit. Ik haalde diep adem en dook erin, de koele omhelzing van het water voelend. Ik zwom een tijdje baantjes, genoot van de beweging en de kans om mijn hoofd leeg te maken. Na een tijdje kwam ik eruit en droogde me af, waarna ik op een handdoek ging zitten om te relaxen in de zon. Ik sloot mijn ogen en liet de **warmte** over me heen spoelen, ik voelde mijn spieren ontspannen. Plotseling hoorde ik een plons en opende mijn ogen om mijn kleine zusje te zien **poedelen** in het ondiepe gedeelte. Ik glimlachte en keek een tijdje naar haar, stond toen op en liep naar haar toe. We kletsten wat en peddelden samen wat rond, genietend van elkaars gezelschap. Al snel kwamen onze ouders erbij, en we brachten de rest van de middag zwemmend en spelend door. Het was altijd zo leuk om tijd met de familie in het zwembad door te brengen. Er is **iets** met in het water zijn dat mensen samenbrengt. Misschien is het omdat we allemaal gelijk zijn als we in het water zijn - we kunnen onze gebreken niet verbergen of doen alsof we iets zijn wat we niet zijn. Of misschien is het gewoon omdat het leuk is! **Wat** de reden ook is, ik was gewoon blij dat we allemaal bij elkaar konden komen en van elkaars gezelschap

Aller nager

La piscine était toujours un endroit **rafraîchissant**, et aujourd'hui n'était pas différent. Le soleil brillait et l'eau semblait invitante. J'ai pris une profonde inspiration et j'ai plongé, sentant l'étreinte fraîche de l'eau. J'ai fait des longueurs pendant un moment, appréciant l'exercice et la possibilité de me vider la tête. Au bout d'un moment, je suis sorti et me suis séché, puis je me suis assis sur une serviette pour me détendre au soleil. J'ai fermé les yeux et laissé la **chaleur** m'envahir, sentant mes muscles se détendre. Soudain, j'ai entendu une éclaboussure et j'ai ouvert les yeux pour voir ma petite sœur **pagayer dans la** partie peu profonde. J'ai souri et je l'ai regardée pendant un moment, puis je me suis levée et je suis allée vers elle. Nous avons bavardé un peu et pataugé ensemble, appréciant la compagnie de l'autre. Nos parents nous ont bientôt rejoints et nous avons passé le reste de l'après-midi à nager et à jouer ensemble. C'était toujours très agréable de passer du temps avec la famille à la piscine. Il y a **quelque chose** dans le fait d'être dans l'eau qui semble rassembler les gens. Peut-être est-ce parce que nous sommes tous égaux lorsque nous sommes dans l'eau - nous ne pouvons pas cacher nos défauts ou prétendre être ce que nous ne sommes pas. Ou peut-être est-ce simplement parce que c'est amusant ! **Quelle que**

konden genieten op zo'n speciale plek.

De zon scheen op mijn huid en de geur van chloor hing in de lucht. Ik kon de geluiden horen van lachende kinderen die in het zwembad spetterden. Ik lag op een ligstoel naast het zwembad, te genieten van de zon en **de** dag. Ik had mijn ogen gesloten en wilde net in slaap vallen toen ik iemand naar me toe hoorde lopen. Ik opende mijn ogen en zag een vrouw naast me staan. Ze droeg een bikini en had een handdoek om haar middel gewikkeld. Ze had lang blond haar en blauwe ogen. Ze had een fles **zonnebrandcrème** in haar hand. "Vind je het erg als ik wat zonnebrandcrème op je rug smeer?" vroeg ze. "Nee, dat hoeft niet," zei ik, terwijl ik rechtop ging zitten zodat ze bij mijn rug kon. Ik voelde haar handen op mijn huid terwijl ze de zonnebrandcrème aanbracht.

Haar aanraking was zacht en de geur van de zonnebrandcrème was kalmerend. Ik sloot mijn ogen weer en liet me ontspannen. Ik kon het **geluid** van haar bewegingen horen, maar ik opende mijn ogen niet. Ik was tevreden met het feit dat ik daar in de zon lag, luisterend naar het geluid van de golven **die** tegen de kust sloegen. Na een paar minuten liep ze weg, en ik opende mijn ogen. Ik keek naar haar terwijl ze terugliep naar haar ligstoel en haar boek oppakte.

soit la raison, j'étais simplement heureuse que nous puissions tous nous réunir et profiter de la compagnie des autres dans un endroit aussi spécial.

Le soleil tapait sur ma peau et l'odeur du chlore flottait dans l'air. J'entendais le bruit des enfants qui riaient et barbotaient dans la piscine. J'étais allongée sur une chaise **longue près de la** piscine, profitant du soleil et **de la** journée. J'avais les yeux fermés et j'étais sur le point de m'endormir lorsque j'ai entendu quelqu'un s'approcher de moi. J'ai ouvert les yeux et j'ai vu une femme debout à côté de moi. Elle portait un bikini et avait une serviette enroulée autour de sa taille. Elle avait de longs cheveux blonds et des yeux bleus. Elle tenait une bouteille de **crème solaire** dans sa main. "Ça te dérange si je mets de la crème solaire sur ton dos ?" a-t-elle demandé. "Non, ça va", ai-je répondu, en me redressant pour qu'elle puisse atteindre mon dos. J'ai senti ses mains sur ma peau alors qu'elle appliquait la crème solaire.

Son toucher était doux et l'odeur de la crème solaire était apaisante. J'ai fermé les yeux à nouveau et me suis laissé aller à la détente. Je pouvais entendre le **bruit** de ses mouvements, mais je n'ai pas ouvert les yeux. Je me contentais de rester allongé au soleil, en écoutant le bruit des vagues qui **s'écrasaient** sur le rivage. Après quelques minutes, elle s'est éloignée, et j'ai ouvert les yeux.

Begrip vragen

1. Waar was de verteller toen hij het verhaal begon?

2. Wat ruikt de verteller als hij zijn ogen opent?

3. Wat hoort de verteller als hij zijn ogen opent?

4. Van wie is de zonnebrandcrème die de vrouw aan de verteller geeft?

5. Waar droomt de verteller over?

6. Waarom is zwemmen in de zee zo speciaal voor de verteller?

7. Hoe voelt het water aan waarin de verteller zwemt?

8. Wat ziet de verteller als hij uit het water komt?

9. Wat doet de vrouw nadat ze de verteller heeft ingesmeerd met zonnebrandcrème?

10. Waarover praten de verteller en de vrouw aan het eind van het verhaal?

Questions de compréhension

1. Où se trouvait le narrateur lorsqu'il a commencé l'histoire ?

2. Que sent le narrateur lorsqu'il ouvre les yeux ?

3. Qu'entend le narrateur lorsqu'il ouvre les yeux ?

4. A qui la femme donne-t-elle de la crème solaire au narrateur ?

5. De quoi le narrateur rêve-t-il ?

6. Pourquoi la baignade dans la mer est-elle si spéciale pour le narrateur ?

7. quelle est la sensation de l'eau dans laquelle nage le narrateur ?

8. Que voit le narrateur quand il sort de l'eau ?

9. Que fait la femme après avoir mis la crème solaire sur le narrateur ?

10. De quoi le narrateur et la femme parlent-ils à la fin de l'histoire ?

Het maaien van het gazon

Het is 10 uur 's ochtends op een zomerse **zaterdag**, en de zon schijnt al ongenadig. Je sjokt naar de garage om de grasmaaier te halen, met het gevoel dat je **veroordeeld bent** tot dwangarbeid. Je begint het gazon te maaien, en zorgt ervoor dat je het rustig aan doet, zodat je niets over het hoofd ziet. Terwijl je aan het maaien bent, denk je aan hoe goed het voelt om buiten in de frisse lucht te zijn. Terwijl je de maaier heen en weer over het gazon duwt, zie je vanuit je **ooghoek je** buurman. Je zwaait en zegt hallo, en hij zwaait terug.

Na een paar minuten ben je klaar, en je gaat naar het huis van je buurman om met hem een biertje te drinken in de voortuin. Het is een **perfecte** dag - niet te warm, met een zacht briesje. Je zit daar in de schaduw van de boom, nipt van je biertje en kletst wat met je buurman. Het zijn dagen als deze die je de zomer doen waarderen. Dan **ga** je naar binnen voor een welverdiend biertje. Je ploft neer in een stoel op de veranda, trekt het blikje open en slaakt een tevreden zucht. Het geluid van de maaier verdwijnt naar de achtergrond terwijl je in de schaduw ontspant en geniet van de **rust** van het moment. Het bier smaakt extra goed na al dat harde werk in de hitte. Ik stond op het

Tonte de la pelouse

Il est 10 heures du matin, un **samedi d'**été, et le soleil tape déjà sans pitié. Vous vous frayez un chemin jusqu'au garage pour aller chercher la tondeuse à gazon, avec l'impression d'être **condamné** aux travaux forcés. Vous commencez à tondre la pelouse, en veillant à aller doucement pour ne pas manquer d'endroits. Pendant que vous tondez, vous pensez à tout le bien que cela fait d'être dehors à l'air frais. Alors que vous commencez à pousser la tondeuse d'avant en arrière sur la pelouse, vous apercevez votre voisin du coin de l'œil. Vous lui faites signe et lui dites bonjour, et il vous répond.

Après quelques minutes, vous avez terminé, et vous vous rendez chez votre voisin pour prendre une bière avec lui dans le jardin de devant. C'est une journée **parfaite**, il ne fait pas trop chaud et une légère brise souffle. Vous êtes assis à l'ombre de l'arbre, sirotant votre bière et discutant avec votre voisin. Ce sont des jours comme celui-ci qui vous font apprécier l'été. Puis vous rentrez à l'intérieur pour prendre une bière bien méritée. Vous vous installez sur une chaise sous le porche et ouvrez la canette, en poussant un soupir de satisfaction. Le bruit de la tondeuse s'estompe et vous

punt om naar binnen te gaan toen ik een geluid hoorde bij de buren.

Het **klonk** alsof iemand huilde. Ik stopte met maaien en liep naar het hek dat onze tuinen scheidde. Ik keek om en zag mijn buurvrouw, mevrouw Johnson, huilen op haar schommelbank. Ik riep naar haar, maar ze hoorde me niet. Ik klom over het hek en liep naar haar toe. "Mevrouw Johnson, is alles goed met u?" vroeg ik. Ze keek met tranen in haar ogen naar me op en schudde haar hoofd. "Nee, het gaat niet goed met me," zei ze. "Mijn kat is gisteren gestorven." Ik was geschokt. Ik wist niet wat ik moest zeggen. Ik stond daar maar wat ongemakkelijk, niet wetend wat ik moest doen. Uiteindelijk legde ik mijn hand op haar **schouder** en zei: "Het spijt me zo, mevrouw Johnson. Als er iets is wat ik kan doen om te helpen, laat het me alsjeblieft weten. "Ze schudde haar hoofd en zei: Nee, er is **niets** dat iemand kan doen. Toen stond ze op en ging haar huis binnen. Ik stond daar een ogenblik, niet wetend wat te doen. Toen ging ik verder met het maaien van mijn gazon. Toen ik klaar was, moest ik denken aan mevrouw Johnson en haar kat.

vous détendez à l'ombre, profitant de la **tranquillité du** moment. La bière a un goût extra bon après tout ce dur travail dans la chaleur. J'étais sur le point de rentrer quand j'ai entendu un bruit à côté.

On aurait dit que quelqu'un pleurait. J'ai arrêté de tondre et j'ai marché jusqu'à la clôture qui séparait nos jardins. J'ai jeté un coup d'œil par-dessus et j'ai vu ma voisine, Mme Johnson, pleurer sur sa balançoire sous le porche. Je l'ai appelée, mais elle ne m'a pas entendue. J'ai escaladé la clôture et j'ai marché jusqu'à elle. "Mme Johnson, vous allez bien ?" J'ai demandé. Elle a levé les yeux vers moi, les larmes aux yeux, et a secoué la tête. "Non, je ne vais pas bien", a-t-elle dit. "Mon chat est mort hier." J'étais choquée. Je n'ai pas su quoi dire. Je suis restée là, maladroitement, sans savoir quoi faire. Finalement, j'ai posé ma main sur son **épaule** et j'ai dit : "Je suis vraiment désolée, Mme Johnson. Si je peux faire quelque chose pour vous aider, faites-le moi savoir". "Elle a secoué la tête et a dit : "Non, il **n'y a rien que** personne ne puisse faire". Puis elle s'est levée et est entrée dans sa maison. Je suis resté là un moment, ne sachant pas quoi faire. Puis je suis retourné tondre ma pelouse. En terminant, je n'ai pu m'empêcher de penser à Mme Johnson et à son chat.

Begrip vragen

1. Hoe laat is het?

2. Waar is de persoon aan het maaien?

3. Hoe voelt de persoon zich?

4. Waarom moet de persoon langzaam maaien?

5. Wat voor weer is het?

6. Wat doet de persoon na het maaien?

7. Wat hoort de persoon voordat hij naar huis gaat?

8. Wie is er bij Mrs Johnson?

9. Waarom huilt Mrs Johnson?

10. Wat zegt de persoon tegen mevrouw Johnson?

Questions de compréhension

1. Quelle heure est-il ?

2. Où se trouve la personne qui tond ?

3. Comment la personne se sent-elle ?

4. Pourquoi la personne doit-elle tondre lentement ?

5. Quel est le temps qu'il fait ?

6. Que fait la personne après avoir fauché ?

7. Qu'entend la personne avant de rentrer chez elle ?

8. Qui est avec Mme Johnson ?

9. Pourquoi Mme Johnson pleure-t-elle ?

10. Que dit la personne à Mme Johnson ?

Naar de kapper

Ik wilde al weken naar de kapper, maar op de een of andere manier kon ik het steeds uitstellen. Maar met **Kerstmis voor de deur**, wist ik dat ik het niet langer kon uitstellen. Ik wilde niet op het kerstdiner van mijn familie verschijnen als een smerige puinhoop. Dus, vroeg op kerstochtend, ging ik naar de salon. Hoewel het vroeg was, was de salon al druk bezig met andere mensen **die** hun haar lieten doen voor de feestdagen. Ik nam plaats in de rij en wachtte op mijn beurt. Eindelijk was het mijn beurt in de stoel. De styliste, een vriendelijke vrouw die Jill heette, vroeg me wat ik wilde. "Gewoon een knipbeurt, niets te drastisch," antwoordde ik. Jill ging aan de slag en knipte mijn haar weg. Terwijl ze werkte, begon ik te ontspannen. Het voelde goed om eindelijk voor mezelf te zorgen. Ik had het de laatste tijd zo druk gehad met voor iedereen te zorgen, dat ik mijn eigen behoeften aan de kant had laten liggen. Maar **nu** niet **meer**. Van nu af aan, zou ik tijd voor mezelf maken.

Toen Jill klaar was, keek ik in de spiegel en was blij met wat ik zag. Mijn haar zag er netjes en gepolijst uit-perfect voor vakantie bijeenkomsten. Ik **bedankte** Jill en maakte een notitie om vaker terug te komen. Van nu af aan zal ik in de eerste plaats voor mezelf

Se faire couper les cheveux

Cela faisait des semaines que je voulais me faire couper les cheveux, mais j'arrivais toujours à remettre ça à plus tard. Mais à l'approche de **Noël, je** savais que je ne pouvais plus attendre. Je ne voulais pas me présenter au dîner de Noël de ma famille avec une coiffure débraillée. Alors, tôt le matin de Noël, je me suis rendue au salon. Même s'il était tôt, le salon était déjà occupé par d'autres personnes qui **se faisaient** coiffer pour les fêtes. J'ai pris ma place dans la file d'attente et j'ai attendu mon tour. Enfin, c'était mon tour sur la chaise. La styliste, une femme sympathique nommée Jill, m'a demandé ce que je voulais. "Juste une coupe, rien de trop radical", ai-je répondu. Jill s'est mise au travail, coupant mes cheveux. Pendant qu'elle travaillait, j'ai commencé à me détendre. C'était bon de prendre enfin soin de moi. J'avais été tellement occupé ces derniers temps, à courir partout pour m'occuper de tout le monde, que j'avais laissé mes propres besoins de côté. Mais plus **maintenant**. A partir de maintenant, j'allais prendre du temps pour moi.

Lorsque Jill a terminé, je me suis regardée dans le miroir et j'étais ravie de ce que je voyais. Mes cheveux étaient soignés et polis, parfaits pour les fêtes de fin d'année. J'ai **remercié** Jill et j'ai noté **mentalement** de

zorgen. Ze begon aan mijn haar te knippen. Ik bedacht hoe dankbaar ik was dat ik er eindelijk aan toe was gekomen om mijn haar te laten knippen. Het voelde goed om te weten dat ik er toonbaar uit zou zien voor **het kerstdiner**. Ik hoefde me geen zorgen meer te maken dat mijn familie me zou plagen over mijn "smerige" uiterlijk. Na een paar minuten was de styliste klaar met het knippen van mijn haar en föhnde ze me snel. Ik keek in de spiegel en was blij met wat ik zag: een strak geknipt kapsel dat perfect zou zijn voor het kerstdiner. Nu mijn kapsel achter de rug was, kon ik me concentreren op de feestdagen met mijn gezin. En daar was ik nog dankbaarder voor.

Het voelde zo **bevrijdend**, en ik hield van de manier waarop mijn nieuwe kapsel eruit zag. Nadat ik voor mijn kapsel had betaald, ging ik naar huis en begon ik in te pakken voor mijn reis. Ik **kon niet** wachten om mijn nieuwe look aan mijn familie en vrienden te tonen. Ik wist dat ze verrast zouden zijn als ze me zouden zien. Op de dag van mijn vlucht kwam ik ruim op tijd aan op de luchthaven. Ik ging zonder problemen door de beveiliging en al snel was ik op weg. Zodra ik op mijn bestemming aankwam, kon ik de opwinding in de lucht voelen. Kerstmis hing zeker in de lucht! Mijn familie was er om me op de luchthaven te begroeten, en ze waren allemaal verbaasd over mijn nieuwe kapsel.

revenir plus souvent. À partir de maintenant, je prendrai soin de moi d'abord et avant tout. Elle s'est mise au travail en coupant mes cheveux. J'ai pensé à combien j'étais reconnaissante d'avoir enfin pris le temps de me faire couper les cheveux. Je me sentais bien de savoir que j'allais être présentable pour le **repas de** Noël. Je n'aurais plus à m'inquiéter des taquineries de ma famille sur mon apparence "débraillée". Après quelques minutes, le coiffeur a fini de me couper les cheveux et m'a fait un rapide brushing. Je me suis regardé dans le miroir et j'étais heureux de ce que je voyais - un look propre qui serait parfait pour le dîner de Noël. Maintenant que ma coupe de cheveux était terminée, je pouvais me concentrer sur les vacances avec ma famille. Et j'en étais encore plus reconnaissante.

Je me suis sentie tellement **libérée** et j'ai adoré le look de ma nouvelle coupe de cheveux. Après avoir payé ma coupe, je suis rentrée chez moi et j'ai commencé à faire mes bagages pour mon voyage. J'**avais hâte** de montrer mon nouveau look à ma famille et à mes amis. Je savais qu'ils seraient surpris en me voyant. Le jour de mon vol, je suis arrivée à l'aéroport avec beaucoup de temps devant moi. J'ai passé le contrôle de sécurité sans problème et j'ai rapidement pris la route. Dès que je suis arrivé à destination, j'ai senti l'excitation dans l'air. Il y avait vraiment de l'air pour Noël ! Ma famille était là pour m'accueillir à l'aéroport, et ils étaient tous étonnés de ma nouvelle coupe de cheveux.

Begrip vragen

1. Wat moest de hoofdpersoon doen voor Kerstmis?

2. Hoe vond de hoofdpersoon het om voor zichzelf te zorgen?

3. Wie heeft het haar van de hoofdpersoon geknipt?

4. Waarom ging de familie van de hoofdpersoon haar plagen?

5. Hoe voelde de hoofdpersoon zich nadat ze naar de kapper was geweest?

6. Wat heeft de hoofdpersoon gedaan nadat ze naar de kapper is geweest?

7. Wat was de reactie van de familie van de hoofdpersoon op haar kapsel?

8. Wat deed de hoofdpersoon op kerstavond?

9. Wat maakte de ervaring van de hoofdpersoon specialer?

10. Wat zou er gebeuren als de hoofdpersoon niet naar de kapper zou gaan?

Questions de compréhension

1. Que devait faire le protagoniste avant Noël ?

2. Que pense la protagoniste du fait de prendre soin d'elle ?

3. Qui a taillé les cheveux du protagoniste ?

4. Pourquoi la famille de la protagoniste allait-elle se moquer d'elle ?

5. Qu'a ressenti la protagoniste après s'être fait couper les cheveux ?

6. Qu'a fait la protagoniste après s'être fait couper les cheveux ?

7. Quelle a été la réaction de la famille de la protagoniste à sa coupe de cheveux ?

8. Qu'a fait le protagoniste la veille de Noël ?

9. Qu'est-ce qui a rendu l'expérience du protagoniste plus spéciale ?

10. Que se passerait-il si le protagoniste ne se faisait pas couper les cheveux ?

Het park

De zon ging onder, en het park was leeg. Ik zat op het bankje te wachten op mijn **vriendin**. We hadden hier al een uur geleden afgesproken, maar ze was altijd te laat. Net toen ik het wilde opgeven en naar huis wilde gaan, zag ik haar naar me toe rennen.

"Het spijt me zo," hijgde ze toen ze de bank bereikte. "Mijn trein **had vertraging**."

"Het is goed," zei ik **vergevingsgezind**. "Ik ben hier net zelf."

We gingen zitten en praatten een poosje, praatten bij over elkaars leven sinds we elkaar voor het laatst zagen. Het gesprek verliep **vlot**, en het leek alsof er helemaal geen tijd was verstreken sinds we elkaar voor het laatst hadden gezien. Toen de zon onderging, namen we afscheid en gingen onze eigen weg. De volgende keer dat we elkaar zagen, was in een ander park. Weer was ze te laat, maar dat vond ik niet erg. Het was fijn om iemand te hebben om mee te praten die me **begreep**. We spraken over onze dromen en **aspiraties**, dingen die we wilden doen met ons leven. Zij vertelde me over haar plannen om de wereld rond te reizen, en ik deelde mijn droom om schrijfster te worden. Toen de zon weer onderging, namen we afscheid van elkaar en beloofden we elkaar dit keer te blijven zien.

Le parc

Le soleil se couchait, et le parc était vide. Je me suis assise sur un banc, attendant mon **amie**. Nous avions prévu de nous retrouver ici il y a une heure, mais elle était toujours en retard. Au moment où j'allais abandonner et rentrer chez moi, je l'ai vue courir vers moi. "Je suis vraiment désolée", a-t-elle haleté en atteignant le banc. "Mon train a été **retardé**." "C'est bon", ai-je dit **avec indulgence**. "Je viens juste d'arriver." Nous nous sommes assis et avons bavardé pendant un certain temps, prenant des nouvelles de la vie de chacun depuis notre dernière rencontre. La conversation était fluide **et nous avions** l'impression que le temps n'avait pas passé depuis notre dernière rencontre. Au coucher du soleil, nous nous sommes dit au revoir et avons pris des chemins différents. La fois suivante, c'était dans un autre parc. Encore une fois, elle était en retard, mais ça ne m'a pas dérangé. C'était agréable d'avoir quelqu'un à qui parler et qui me **comprenait**. Nous avons parlé de nos rêves et de nos **aspirations**, des choses que nous voulions faire de nos vies. Elle m'a parlé de son projet de voyager dans le monde entier, et j'ai partagé mon rêve de devenir écrivain. Alors que le soleil se couchait sur un autre jour, nous nous sommes dit au revoir une fois de plus, en promettant de rester en contact cette fois-ci.

Jaren gingen voorbij, en onze **vriendschap** bleef sterk, ook al woonden we nu in verschillende delen van het land. We hielden contact door middel van brieven en af en toe telefoontjes, waarbij we nieuws over ons leven met elkaar deelden. Toen ze aankondigde dat ze ging trouwen, was ik niet **verbaasd** - ze was altijd al een **avontuurlijk** type geweest. Maar toen ze me vroeg of ik haar bruidsmeisje wilde zijn op haar huwelijksceremonie, dat halverwege de wereld zou plaatsvinden, van waar ik woonde... daar was wel wat overtuigingskracht voor nodig! Maar uiteindelijk kon ik mijn beste vriendin niet laten trouwen zonder mij aan haar zijde, dus ondanks mijn angsten (en na veel smeken van haar!) **stemde** ik ermee in om mee te gaan op wat het **avontuur** van mijn leven bleek te zijn.

De dag van de **bruiloft was** eindelijk aangebroken. Ik was nerveus, maar opgewonden om deel uit te maken van zo'n belangrijk moment in het leven van mijn vriendin. De ceremonie was prachtig, en ze zag er gelukkig uit toen ze haar geloften aflegde. **Daarna** vierden we het met een groot feest - het leek wel of iedereen die ze kende was gekomen om het met haar te vieren! Het was een **magische** dag die ik nooit zal vergeten, en onze vriendschap is na dat avontuur alleen maar sterker geworden. Nu, jaren later, houden we nog steeds contact.

Les années ont passé, et notre **amitié** est restée forte, même si nous vivions désormais dans des régions différentes du pays. Nous sommes restés en contact par des lettres et des appels téléphoniques occasionnels, partageant les nouvelles de nos vies respectives. Lorsqu'elle a annoncé qu'elle allait se marier, je n'ai pas été **surpris** - elle avait toujours été du genre **aventureux**. Mais lorsqu'elle m'a demandé si j'accepterais d'être sa demoiselle d'honneur à la cérémonie de son mariage qui se déroulait à l'autre bout du monde, loin de chez moi... il a fallu la convaincre ! En fin de compte, je ne pouvais pas laisser ma meilleure amie se marier sans moi à ses côtés, alors malgré mes craintes (et après qu'elle m'ait beaucoup suppliée !), j'ai **accepté de participer à** ce qui s'est avéré être l'**aventure** de ma vie.

Le jour du **mariage** est enfin arrivé. J'étais nerveux, mais excité de faire partie d'un moment si important dans la vie de mon amie. La cérémonie était magnifique, et elle avait l'air heureuse en prononçant ses vœux. **Ensuite,** nous avons fait une grande fête - on aurait dit que tous ses proches étaient venus célébrer avec elle ! C'était un jour **magique** que je n'oublierai jamais, et notre amitié n'a fait que se renforcer après cette aventure. Aujourd'hui, des années plus tard, nous restons toujours en contact.

Begrip vragen

1. Waar hebben de auteur en haar vriendin elkaar voor het eerst ontmoet?

2. Waarom was de vriend van de auteur te laat op hun afspraak?

3. Waar hadden de vrienden het over toen ze elkaar jaren later weer ontmoetten?

4. Hoe vond de schrijfster het om de huwelijksceremonie van haar vriendin bij te wonen?

5. Beschrijf de omgeving van de huwelijksceremonie.

6. Hoe is de vriendschap tussen de twee vrouwen in de loop der tijd veranderd?

7. Wat is de droom van de auteur?

8. Waar is de vriend van de schrijver van plan heen te reizen?

9. Waarom aarzelde de schrijfster om de huwelijksceremonie van haar vriendin bij te wonen?

Questions de compréhension

1. Où l'auteur et son ami se sont-ils rencontrés pour la première fois ?

2. Pourquoi l'ami de l'auteur était-il en retard à leur réunion ?

3. De quoi les amis ont-ils parlé lorsqu'ils se sont retrouvés des années plus tard ?

4. Qu'a ressenti l'auteur en assistant à la cérémonie de mariage de son amie ?

5. Décrivez le cadre de la cérémonie de mariage.

6. Comment l'amitié entre les deux femmes a-t-elle évolué au fil du temps ?

7. Quel est le rêve de l'auteur ?

8. Où l'ami de l'auteur prévoit-il de voyager ?

9. Pourquoi l'auteur a-t-elle hésité à assister à la cérémonie de mariage de son amie ?

www.ingramcontent.com/pod-product-compliance
Lightning Source LLC
Chambersburg PA
CBHW070902160726
48004CB00003B/1206